与最聪明的人共同进化

CHEERS

HERE COMES EVERYBODY

CHEERS
湛庐

别让猴子跳回背上

Monkey Business

[美] 威廉·安肯三世
William Oncken, III 著

陈美岑 译

浙江教育出版社·杭州

MONKEY BUSINESS 各方赞誉

> 《别让猴子跳回背上》幽默、透彻地指出了一般的管理错误,以及让时间管理松绑的真正秘诀。没有长篇大论,也没有理论堆砌,是一本以常识为基础的实用好书。
>
> **彼得·斯特朗(Peter Strong)**
> **联合卓越企业培训经理**

> 大多数来自管理类书籍的建议,不是毫无用处,就是毫无效率可言。但从这本书中,你可以获得难得的好建议。
>
> **保罗·韦里奇(Paul Weyrich)**
> **美国传统基金会创始人**

> 这是一本可读性强、一针见血、很棒的小书。作者的讲述鞭辟入里。这是所有被杂务缠身的管理者必

读的一本书。

大卫·特里普（David Tripp）
绘图广告设计公司设计师

本书传神地将双方谈话结束后的下一个步骤比喻成"猴子"，它帮助我们将书中的理论与职场联系起来。几乎每一个例子，都让我们得以用全面、有效的方式来检视管理和领导流程。这是一本实用性强、通俗易懂、生动有趣的书。

罗德·赖特迈尔（Rod Rightmire）
全美电视节目专业协会影视研讨会协调人

当我看完第2章的刹那，脑海中便涌现出这些词：创新、清晰、有趣、实用、知识性、启发性。这本书让我时而开怀大笑、时而认真思索，并开始摒弃一些不好的言行，重新建立起良好的习惯。

弗雷德·范洪（Fred VanHorn）
佐治亚军事学院执行副院长、美国陆军退役上校

本书的见解真是一针见血，它谈论的是严肃的管理问题。无论你任职于什么机构，本书都将让你有能力获得你所需要的可支配时间。本书经得起时间的

考验，同样也经得起读者的考验。

小约翰·尤斯特（John Yoest Jr.）
弗吉尼亚州卫生与人力资源部副部长

- 我认为安肯管理原则可能是我们能提供给管理者，让他们提高工作效率的重要工具。《别让猴子跳回背上》所传播的管理原则是如此直白与令人难忘，容易让人接受与应用。这是让管理者从"自己做"转型到"做管理者"的秘密武器。

弗雷德·亨特（Fred Hunt）
明尼阿波利斯《明星论坛报》广告部副总裁

- 《别让猴子跳回背上》是针对所有积极进取的管理者与新手管理者所写的一本书，也是他们的必读之书。猴子应该各就各位。有经验的管理者如果看完这本书，或许能甩掉背上的一两只猴子，让自己轻松许多。

杰西·布朗（Jesse Brown）
布朗全球顾问公司退役军人事务部部长

- 我很喜欢这本书，一如我对研讨会的喜爱。作者独一无二与深具说服力的语言技巧，让阅读变得更有冲击力。他在书中融入了轻松慧黠的幽默，对于像我这种数十年来都在接触管理顾问的人来说，这种思绪清晰与直言不讳的方式显得与众不同、殊为珍贵。

理查德·布洛克（Richard Block）
加利福尼亚州圣莫尼卡布洛克传播集团

《别让猴子跳回背上》针对当今企业界面对的管理与领导困境，进行了独到的分析，提出了简单有效的解决方案。探讨企业管理者的专门书籍通常致力于教导人们成为完美杰出的管理者，但本书作者给我们的提示是，如何将管理者特质付诸实践，进而提炼出组织中潜藏的创意与效率。

安迪·麦辛二世（Andee Mazin, II）
美国国防部基金会执行长

对我而言，商业社会的运作步调十分紧凑，如果书中揭示的企业管理理论无法被理解与运用，真难想象我该如何过活。

理查德·维格里（Richard Vieguerie）
美国预算广告公司主席

《别让猴子跳回背上》为提高工作效率、增加组织产能,提供了一种即时可用的具体策略。企业管理者如果想要将现有工作团队转换为充满创意、热衷学习与授权完备的活力企业,可以参考本书提供的企业管理必备的独特视野。

罗素·史丹(Russell Stan)
西方数位公司管理者

MONKEY BUSINESS
推荐序一

责任是一只猴子

姜汝祥
北京锡恩企业管理顾问有限公司董事长

我最开始读到安肯管理原则是在美国读书的时候。在课堂上，老师是把下面这个故事作为"大公司病"的案例来讲的：

在一家公司的销售会议上，营销部门经理说："最近销售业绩做得不好，我们有一定的责任，但是最主要的责任不在我们，而在于竞争对手。他们纷纷推出新产品，比我们的产品好，所以我们很不好做。"

研发部门经理说:"我们最近推出的新产品是少,但是我们也有困难呀,预算太少了!"

财务部门经理说:"是,我是削减了你的预算,但是你要知道,公司的成本在上升,我们当然没有多少钱。"

这时,采购部门经理说:"我们的采购成本是上升了10%,可为什么上升你们知道吗?俄罗斯的一个矿山爆炸了,导致不锈钢价格上升。"

"哦,原来如此呀!"

结论是:销售业绩不好是因为俄罗斯的一个矿山爆炸了。

听过这个故事之后,安肯管理原则一直在我的脑中徘徊,因为我觉得这个原则在中国同样有价值。无论中西方,企业中都不断上演着这样的故事,在遇到困难或问题时,员工总会寻找各种理由来证明不是自己的问题,然后将责任推到其他人或事上。道理也不复杂,那就是人的本性中始终都在重复着一个永恒的主题:规避风险。

比如，当下属向你请示的时候，如果你的回答是"我想一想，一会儿再告诉你"，那么半小时后，你会发现这个下属站在你的门口，敲你的门问："领导，这个问题您考虑得怎么样了？"本来这个问题是需要他解决的，你应该去检查他完成得如何，可现在变成了什么样呢？现在是他来问你考虑得怎么样了，是他在检查你！于是，猴子就跳到你的背上来了。

在这样一种卸责的传统下，作为管理者，如何让员工对工作负责、对自己的成长和未来负责呢？我觉得这本书就提供了很多思路与答案。比如让员工照顾好自己的猴子，而照顾好的前提就是锁定责任：猴子原来在谁的身上，无论有什么变化，它都应该被锁定在原来责任人的身上，不能让它乱跳。

但要做到这一点是很难的，很多的民营企业都是依靠企业家早期单枪匹马打下的江山，企业的成功就来源于企业家的成功。在这种能人体系里面，组织的能力、员工的能力可有可无，关键是企业家个人的能力。员工、组织的能力基本上被企业家个人的能力取代了。

从这个意义上讲，管理学中安肯管理原则的前提是企业发展战略，要从依靠企业家的个人能力转变成依靠以员工为核心的组织能力，而支撑这一转变的是企业家真正地把企业的成长建立在员工成长的基础上，员工获得成长、变得独立、能够承担责任，才是让员工照顾好自己的猴子的意义所在！

由此我们就懂得了，锁定责任，将猴子永远锁定在员工的身上，不仅是对员工自己的成长负责，让他们能够独立，从而不断提升解决问题的能力，同时也是对企业的持续发展负责。因为无论一位企业家的能力有多强，他都有离开的一天，而只有依赖于组织和团队，企业才能获得持续的发展。

我觉得这正是这本书的意义所在，不仅对员工有价值，还为企业家提供了一个战略性管理的起点。

MONKEY BUSINESS
推荐序二

成功领袖的智慧源头

莫顿·布莱克威尔（Morton Blackwell）
美国领导力学院总裁

法则不外乎三种：人定的法律、圣律、自然定律。

人定的法律，即人类立法的结果，因时因地而不同。有些法律不够严谨，有些具有破坏性，有些根本不可行，也无法执行，有些则只适用于某些人。

圣律放诸四海而皆准，体现一个不完美的人类竭尽所能可以达到的理想境界。

自然定律是对现实特性的推论，经过经验的验证。我们会发现，它可以应用在每个人身上，只要我们愿意接受，便可以运用它。

自然定律早在被我们发现之前，便存在于事物与能量的物质世界，也存在于人际关系领域。成功的人多半会尽可能地研究、学习与运用过去曾经发现过的一切，无论实用与否。

我们可以制造与驾驶飞机，但如果我们忽略或忘记物质定律，即地心引力对所有物质的影响，那么就可能会遇到大麻烦。

同样地，在人类的成就方面也有一份在尝试错误之后来之不易的知识宝藏。有些行动会比其他行动有更好的结果。从政治到商业的活动中，那些可以引导大家的人，往往就会寻找并研究如何成为成功领袖的智慧源头。

25年前，我首次参加小威廉·安肯（William Oncken Jr.）公司的"处理时间管理"（Managing Management

Time^{TM}，或称"别让猴子跳回背上"）研讨会。我当时的雇主，美国预算广告公司主席理查德·维格里每年都会邀请小威廉·安肯先生来举办讲座，并要求维格里公司的全体员工参加他的研讨会。小威廉·安肯是一位独具魅力的演讲者，他的研讨会对于我们而言帮助很大，因为他所传授的内容相当有趣，是一整套全新的管理技巧。

显然，小威廉·安肯对管理技巧已研究得相当透彻。他所提出的管理原则，也就是安肯管理原则，如果能够得到切实执行，将大大改善管理者与下属之间的关系。善用小威廉·安肯的管理智慧使得维格里公司成为一家龙头企业。

我所见过的其他管理原则大多偏理论，难免枯燥乏味，在实际应用中也经常不够实用。但小威廉·安肯提出的这套管理原则从不令人感到乏味，兼具趣味性与实用性。

接触安肯管理原则是改变命运的重要体验。一旦你学会这些技巧，便会不由自主地注意到运用这些技巧的管理者所获得的成就。在管理苦海中载沉载浮的管理者，大多是那些不懂得善用安肯管理原则的人。

从我首次参加"处理时间管理"研讨会至今已历数十载，我曾在美国的参议院和里根政府担任幕僚，并且在我自己创办的教育基金会任职董事长。我曾经向许多企业创办人讨教过管理心得，从种种情况中观察到的是，那些能运用安肯管理原则的人要比不会运用此原则的人成功许多。

几年前，我知道小威廉·安肯的儿子威廉·安肯三世（以下简称安肯）正从事继续推动他父亲的研讨会的工作。于是我聘请他前来公司向员工传授安肯管理原则，并召集其他人前来参加他的研讨会。美国一些知名的公共政策组织领导都很感激我把他们拉来听安肯的精彩演讲。

现在，他在这本书中所提出的概念更为完整——这些概念也是从他父亲的主要论述"别让猴子跳回背上"

而来的。书中包含：

- 管理的基本原则；
- 让管理原则容易记忆的幽默术语；
- 这些管理原则何以奏效的具体故事。

我将《别让猴子跳回背上》一书送给公司的54名员工，希望它能带给我的员工一些启发。我对读者的建议是：先仔细阅读一遍这本书，然后再重读一遍，深入思考书中提出的管理原则。很多你希望在目前工作中与未来事业上达到的成就，都可以从你对这些智慧的领略与运用中获得。

你了解"安肯管理原则"吗?

- 是谁发明了"安肯管理原则",让管理者找到时间管理的有效方法?
  A. 小威廉·安肯
  B. 安迪·格鲁夫

- "安肯管理原则"中的"猴子"指的是传统管理中的:
  A. 任务
  B. 项目

- 如果你要培养出一支必胜队伍,你必须尽可能地协助下属。下面哪项是有效的协助?
  A. 当"教练",培养下属自力更生的能力
  B. 帮助下属做他们分内的事
  C. 协助下属制订绩效,只看结果不问过程
  D. 让下属集体讨论,达成一致后再来汇报

扫码鉴别正版图书
获取您的专属福利

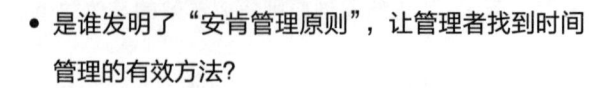

扫码获取全部测试题及答案
一起了解什么是
安肯管理原则

扫描左侧二维码查看本书更多测试题

MONKEY BUSINESS

目 录

第 1 章 源源不断的猴子 / 001

- 作为管理者,你会被迫去承担下属的工作任务吗?
- 如果你既有老板吩咐的工作要做,也有下属请示你的工作要做,你会优先处理哪一方呢?

第 2 章 你是猴子磁场吗 / 015

- 为什么管理者没时间,下属没事做?
- 逆向管理经常发生在职场里的哪些情境中呢?

第 3 章 猴子从哪里来 / 029

- 你知道如何迅速灵巧地转移掉自己身上的任务吗?
- 为什么猴子能不知不觉、隐而不见、无声无息地往上蹿升?

第 4 章 谁是猴子的主人 / 037

- 为什么下属总是有足够的动力向管理者提出问题呢?
- 为什么大多数管理者总是觉得分派任务很难呢?

第 5 章 管理不当的猴子 / 047

- 你是不是经常颠倒工作程序,从背上捉下不属于自己的猴子呢?
- 如果下属认为问题是管理者的,那么谁应该来负责举证?

第 6 章 成为专业驯猴师 / 067

- 你的下属可以自动自发地找事情做吗?
- 作为管理者,你有没有发现自己越是能赶上进度,反而越落后?

第 7 章 让猴子跳回主人背上 / 079

- 应该怎样增加自己的可支配时间,减少下属占用的时间呢?
- 你希望下属的问题变成你们共同的问题吗?

第 8 章 快乐无比的猴子 / 097

- 应该如何协助下属完成工作呢?
- 你是不是在绩效还未产生之前,就想对团队成员进行考核呢?

第 9 章 喂养猴子的 6 大规则 / 111

- 每只猴子都找到它的归宿了吗?
- 你的下属有更多成长和负担责任的机会吗?

后　　记　从实干家变为真正的管理者 / 169
致　　谢 / 177

MONKEY BUSINESS

第 1 章

源源不断的猴子

第 1 章　源源不断的猴子

每天下班时,包括大多数管理者在内的芸芸众生都会困惑地问:"我今天都做了些什么?"

这些努力工作、自觉主动的人希望能够保住自己的工作,所以他们不会冒险诚实地回答这个问题。但是,这个问题的答案或解决之道可能就决定了成功与失败的管理者、员工或企业的差别。

你的角色是什么

管理者的贡献来自他们的判断力与影响力,而非他们个人投入的时间长短与埋头苦干的程度。尽管管理者在任何组织里都只占很小的比例,却攸关组织未来的前途。他们对待时间管理的方式和那些非管理者大不相同——后者的贡献主要来自时间与努力。

对于非管理者而言，时间管理只是"在较少的时间内做更多事情"的诀窍，主要包括自我管理技巧的改进、自制力的提升以及正确的自我评估与考评。这种方式主要适合以下一些工作者：销售人员、会计人员、工程师、设计师、作家、质检员、出租车司机、医师、农夫与其他专业人员，这些人的绩效表现来自独立工作的直接结果。**应用原则是：做好工作计划，按照计划工作。**

相对而言，管理者的绩效表现则是许多人群策群力的结果，这些人包括组织内部与组织外部的人，只有通过判断与影响才可以控制。**对管理者而言，时间管理是让他们的判断命中率达到百分之百，让所运用的影响力发挥最大功效的一种策略。**

管理者必须巧妙运用时间管理，尽可能增加自己的可支配时间，而这些时间必须用于完成必要的判断。

管理者的时间管理

时间管理牵涉到组织的内部与外部、管理者与合作者的互动。

管理者的时间管理包括下列4大要素,但不局限于此。

1. 老板占用的时间

用来完成老板要求的工作所需要的时间。管理者如果忽视这些工作就会受到直接而迅速的惩罚。

2. 组织占用的时间

这些时间是用来处理管理者寻求平级支援时对方所提出的要求的。虽然不至于遭到直接而迅速的惩罚,但也不能轻易忽略这些要求。

3. 自己占用的时间

这些时间是用来完成管理者原本要做或同意去做的事情的，这类时间中有相当大的比例会被下属占用。被占用的时间又被称为"下属占用的时间"。剩下的时间才属于管理者自己，也被称为"可支配时间"。自己占用的时间不会受到行政处罚，老板或组织无法因管理者未完成任务而处罚他们，因为组织一开始便不知道管理者究竟要做哪些事情。管理者如果无法有效地运用这些时间，便会受到微妙而严厉的非行政处罚，包括下属开小差、自己的时间不够用以及没时间与家人相处等。

4. 外界占用的时间

这些时间是用来满足顾客、投资者、供应商、政府机构与社会团体需求之用的。如果忽略他们的要求，他们也可能忽略我们的要求。无论是哪一种情况都会导致合作失败，长此以往我们就要关门大吉了。

两难困境

对于喜欢做自己工作，同时又要达成组织所要求的创意、效率的人而言，老板占用的时间与组织占用的时间，确实会使他们处于一种两难困境。

服从

老板一般会要求员工在工作上做到服从。管理者必须服从这些要求，否则组织的领导与责任结构将荡然无存。有些人认为，为了完成工作，他们应该时常反驳老板。若想创新，可能要冒着被指责为"不服从"的风险。对于这一点，我们尚无理论基础或模式可以诠释。

一致性

组织通常要求制度上的一致性，但这也常常被视为"个人目的遭到组织妨碍"。组织里的每一分子必须具备一致性，否则企业的团队结构便会瓦解。不过，还是有人会认为要完成任务，偶尔也要违背体制——为了表现创意,可能会被贴上"特殊分子"的标签。不过,对于表现出"不专业"行为的人,尚有一些其他的形容词,如犹豫不决者、固守纪律者、特立独行者、自由不受拘束者、具有创意者等。

创新

组织会希望居于任何职位的人都具备创意,否则企业将因无法适应环境而不能生存。但企业如何获得急需的创新,同时又保持责任分明与团队结构呢?

在他们尝试解决这些两难困境时,有人觉得管理者一方面常说他们想创新,另一方面又暗示他们无法忍受这些创新。

应对之道

为了做好时间管理与集中可支配时间,管理者必须掌控好工作的时机与内容。因为老板与组织所指派的任务有惩罚措施在背后撑腰,如何恰当地运用自己的时间便成了需要考虑的最主要因素。

管理者的策略在于增加自己的时间，这往往要通过减少下属占用自己的时间实现，即消除下属"往上指派的工作"（upward delegation），这样他们就可以运用额外的时间，妥善处理老板与组织交付的任务。其方法为：（1）让老板对他们的能力有信心；（2）建立与协作团体的合作关系。而这些做法都需占用管理者的可支配时间。

大多数管理者的许多时间被下属占用的时间浪费掉了，对此他们甚至还懵懂不知。我们将以"背上的猴子"（monkey-on-the-back）为比喻，检视下属占用时间的发生原因，以及管理者的应对之道。

专业驯猴师

要妥善管理猴子，首先你该知道什么是猴子，谁的背上有猴子。

什么是猴子

"猴子"就是双方谈话结束后的下一个步骤。猴子不是问题、项目、计划或机会,猴子只是解决问题、开展项目与计划或是投入机会的下一个行动方案、下一个措施。

如果你处在工作谈话中,那么重点就在于对话于何处结束以及如何展开下一个步骤。

我要解释的是,本文中说的猴子都是比喻。当我说"猴子",传统管理者用的是"任务"这个词。他们对任务的定义是"任何时间、地点可以执行的职责"。所以,如果我要求你和会计部门谈谈,那是一项任务。如果我要求你写一封信,那也是一项任务。如果我要你打电话,这也是任务。如果我要你出差两天,这还是任务。何以如此?因为它们都能在某个时间与地点完成。因此,这些事务与我所定义的"猴子",即"下一个步骤"都可以互相对应。

现在，你可以再进一步以"猩猩"为比喻，来对应某个管理术语吗？"项目"。没错，因为项目不是在任何时间或地点皆可执行的。项目是包含一个以上步骤的阶段流程。

那么，项目与任务之间究竟有何关系？学术界人士告诉我们，项目是许多并列的小任务的总和。用我的话来讲，这里的猩猩指的是一群并排的猴子的总和。

但光认识猴子还不够，你必须知道猴子是个重要资产。你的职务的真正责任，在于提供动力让其他人发挥所长。我们喜欢称这一点为"照顾与喂养猴子"（The Care and Feeding of Monkeys）。这就是授权给下属，妥善管理猴群数量的制度。如果现在你还搞不清楚这一点，你可能很容易在照顾与喂养猴子上出现管理不当的情形。

谁的背上有猴子

对每一只猴子而言，总有两个参与者介入：一个是解决问题者，另一个是监督者。重要的争议在于，由谁来展开下一个步骤？而展开下一个步骤的人背上就会有猴子。

"谁的背上有猴子"这个问题应该表达清楚，否则，没有人知道谁该展开下一个步骤，甚至也不知道下一个步骤是什么。在这种情况下，可能会导致无法完成工作，或者找个无法胜任的人来应付工作。老板花钱聘请管理者，便是要他们负责确定正确的人在正确的时间完成正确的事情。

下属占用的时间

"往上指派的工作"被比喻成"往上蹿升的猴子"，这一比喻足以说明下属占用的时间，并且这类时间会啃噬管理者大部分的可支配时间。下属占用的时间是从猴子成功地从下属的背上跳到管理者背上的那一刻开始计算的，除非猴子能回到正确的饲养人身上，否则下属将永远占用管理者的时间。

安肯自由量表

安肯自由量表（Oncken Freedom Scale）显示行动的自由程度取决于自由层级与授权范围。相对于老板与组织，表1-1显示了下属可运用的5个自由层级：

表1-1 安肯自由量表

自由层级	授权范围
第5级	独立行动，例行性报告（最高层级）。
第4级	行动，但需立即请示（意味着报告频率超过例行程度）。
第3级	提出建议，按照裁断的结果行动。
第2级	请示要做什么。
第1级	等待指示（最低层级）。

当下属的自由层级属于第1级与第2级时，他们就会占用你的时间。你必须花时间做他们所想、所计划的事情，并为他们答疑解惑。这些事情会占用你的可支配时间。

当下属只是一味执行任务，其自由层级属于第1级与第 2 级，此时他们犹如芒刺在背。但如果他们的自由层级提升到第 3 级，很多正面的事情就会同时产生：你可以人尽其才；他们开始自我实现；他们知道如何拟定与提出想法。而当他们可以向你成功地提出建议时，你对他们的能力就会有信心。

他们过去的工作情况可以帮助你将适合他们的任务分派出去。待他们的自由层级提升到第 4 级与第 5 级，他们就可以实现自我管理与自我领导，并恪守你所订立的指导原则。因为不必再花可支配时间来监督下属的行动，所以你胜利了。

在后面的章节，我们将会一一考察下属占用时间的原因，并寻求解决之道。

MONKEY BUSINESS

第 2 章

你是猴子磁场吗

每个人的可支配时间有限。只有能控制下属占用自己时间的管理者，才能够增加自己的可支配时间，让自己能够处理需要优先办理的工作或私人事务。

如果管理者无法减少被下属占用的时间，就可能会面临大学研究课程里所描述的一个问题："为什么管理者没时间，下属没事做？"要回答这个问题，我会把所有管理者在工作上可能遭遇的事件描述清楚，并界定出猴子的情境定义。

情境 1　让我想一下

假设现在是周一早上 10 点，你正穿过走廊准备完成一件自己可支配时间内的任务：一些你认为真正具有意义的事情。

我不知道你如何挪出个人的可支配时间，但管理的真谛正在于此，你能获得一个任你支配的任务，意味着你拥有管理者的很多特质：全公司很多人都知道你是个有创意、有点子、有想象力、有热情、创新能力强、管理能力强的人。这些特质都是你创造可支配时间的要素。

正当你沿着走廊走过去，走廊另一端迎面而来的是乔治。他是你的下属，当你们两个人在走廊上打照面时，他对你说："早安，领导！对了，我们这里有些问题！"

这句话立刻让你停下脚步。大家都知道你不是个逃避问题的人，这也是你能够一路升到目前这个职位的原因之一。事实上，你的老板经常称赞你："你是解决问题的高手！"

所以，你就站在走廊上听着乔治将问题的来龙去脉说了一遍。你一字不漏地听他说着目前遇到的危机。

你为什么要听他说？因为你曾经做过他的工作，你觉得解决他的问题对于自己而言游刃有余；你对他的问题的熟悉程度远胜过对自己的问题的了解；解决他的问题，让你可以从自己的问题中抽身出来一会儿。在这些诱惑下，你站在那里看看自己能否帮上他的忙。另外，你的态度悲天悯人，你觉得他至少偶尔有权利看看天才（你）是如何解决问题的，这是他工作上的"红利"。

你一边听他说着，一边发现自己陷入了一种混乱中，最后被卷入问题的旋涡里，你体会到原来这个问题与先前另两名下属感激涕零找你帮忙的问题一模一样。

> 这件事你很了解，所以能很快进入状态；但未必能在当下作出别人所期待的决定。

你以为才过了5分钟,一看手表才发现,哎呀,已经过了30分钟。所以你对他说:"等一下,乔治。现在已经过了30分钟,我要到别的地方去,我已经迟到了。这个问题很重要,不过我们才触及皮毛而已,现在我们无法处理它。我们一定得作出决定,但还需要进一步考虑。我会告诉你,我们该怎么做。让我想一下,再告诉你要怎么做。"

让我们检查整个事件的过程,了解一下究竟发生了什么事情。首先,在你和乔治在走廊上不期而遇之前,谁的背上有猴子?显然,猴子是在乔治的背上,而不是你的背上,你甚至不知道那里有一只猴子。接着,30分钟之后,你对乔治说:"让我想一下,再告诉你要怎么做。"他回答说:"那样也好。"现在,当你离开公司时,谁的背上背着那只猴子?显然,猴子已跳到你的背上。

找回被下属占用的时间

可支配时间的首要敌人是下属占用的时间。下属占用你的时间,让猴子成功地从他们的背上跳到你的背上。从那一秒钟开始，猴子不会轻易罢手，除非它回到了它原来的饲养人身上，得到照顾与喂养。

接受这只猴子的同时，你也自甘成为下属的下属。你让乔治把你变成他的下属，因为你做了两件下属要帮管理者做的事情：第一，你从他身上接下任务；第二，你答应向他提供解决方案。

还记得第 1 章中关于谁的背上有猴子的部分吗？每只猴子总有两个参与者介入，一个是解决问题者，另一个是监督者。

现在，猴子在哪里？在你的背上。你扮演什么角色？解决问题者。乔治扮演何种角色？监督者。这是留给他的唯一角色。

为了确定你没忘记这件事，他稍后会把头探进你的办公室，高兴地询问："事情进行得怎么样了，领导？"这些询问当然也可能是这么问的：

> "时间过得可真快啊!"
> "你什么时候要解决这件事情?"
> "嘿!领导,你应该作出决定了吧?"
> "我们什么时候采取行动?"
> "我们什么时候作出决定?"
> "你什么时候才能定夺?"

逆向管理

这种监督形式是一种逆向管理。逆向管理,犹如金字塔被倒转过来,由下属来监督管理者。

"事情进行得怎么样了?"是确定目前谁担任上司角色的技术用语。在上班时间,如果两名管理者在走廊相遇,其中一人问"事情进行得怎么样了",那么你就知道问问题的这个人是上司。或许组织中并未明文规定谁是监督者,谁是解决问题者,但现实情况往往会直接定义你的角色:谁接受猴子,就定义而言,谁就是解决问题者。

为何管理者要将公司的组织流程图贴在办公室墙

上？目的便是向员工解释公司的运营状况，让每个人知道他们究竟为谁工作。但当组织流程图张贴出来后，如果管理者还四处走动，对下属说："让我想一下，再告诉你要怎么做。"这句无心之语无疑分配给管理者解决问题者的角色，给予了下属监督者的角色。因此，我们会见到按时计酬的员工反过来监督上层管理者，这些人进而监督总经理，总经理则依样画葫芦地监督副总裁，副总裁监督总裁。在这种模式下，总裁背起了所有的猴子。这实在是荒谬至极！

如此一来，整个组织被搞得上下颠倒，内外不分，混乱无比，与当初公布公司组织流程图所计划的运营方式南辕北辙。根据目前的情形，总裁应加入工会，而按时计酬的员工可能会进入董事会。如果让股东知道这种情形，他们一定会在年度股东大会里大闹说："这根本不是你们当初对我们解释的情形！"

逆向管理经常发生在职场里，这完全违背组织流程图的宗旨。试想一下这种情形：一个人（总裁）怎么可以有5 000位顶头上司，而且帮每个人做事？

所以，我们必须搞清楚，在进行下一个步骤时，谁该扮演解决问题者的角色，谁该扮演监督者的角色，并且严守个人的职责。

情境2　给我一份会议记录

与员工迈克的工作会议结束，临别时我告诉他："给我一份会议记录。"

请注意，猴子现在跑到下属的背上，因为下一个步骤是他要做的，这确实是一大改进，但还是要小心那只猴子。迈克尽责地写了份会议记录，并且发了电子邮件给我。我很快在电子信箱中看到了这份报告。现在，谁要采取行动？我。如果我不立刻采取行动，很快便会收到他的追踪通知（另一种监督形式）。

拖着下属

当迈克拼命想知道我对他的会议记录有何反应时，我则采取逃避策略。他现在替我取了个外号，并且四下

第 2 章 你是猴子磁场吗

传播——"石沉大海者"。接下来，他还会不时添油加醋地说："他从不看电子邮件的吗？至少应该礼貌性地回复一下。之前他总说他想知道我们的想法！可是现在，我有一大堆赚钱的项目计划书在等他的回复，却一点消息也没有。没有他的指示，我无法进行下一步工作！"

我拖得越久，迈克就越沮丧，仿佛他只能在原地打转，而当下属占用的时间已经堆积如山时，我的罪恶感也更加深重。

我的逃避计划失败后，迈克终于前来找我，我发现他提出问题的技巧更加高明了。他坐在我的办公桌前面说："安肯，我们应该作个决定，不要再浪费时间。我们现在已经有 9 个燃眉之急的项目等待解决。没有你的首肯，我一个项目计划也开展不了。你什么时候会作决定呢？"我问他："你说的 9 个项目到底是哪些？"他说就是编号 1、5、15、18、24，等等。我甚至不知道他已经为这些项目编好号码。我一周以前拿到的会议记录都还没看完，更不用提那之后接踵而至的报告。这可不是我自找麻烦，既然我是个不太专业的管理者，我想我有义务看看这些项目计划书，而这也是我的进度会落后的原因。

迈克当然不是会玩这种游戏的唯一人选。工作时，我们的许多下属都会发出很多信息与报告（通过电子邮件、语音信箱或影印件等），让当管理者的我们被时间追着跑。

这不免让人想起往昔的美好时光，那种有人伸出援手的日子！你现在被缠住了，你的背上有许多猴子和猩猩。你把它们放进公文包——也就是"猴子笼"，往返于办公室与家里，期待有朝一日这些事情能够迎刃而解。

情境3　让我知道，我可以帮上什么忙

我们再一次假设，现在我和另一位同事瓦莱丽开会，我答应我会对她拟定的那份公关提案尽可能给予所需的支援。临别时我对她说："让我知道，我可以帮上什么忙。"

第 2 章 你是猴子磁场吗

又来了,猴子原本在瓦莱丽的背上,除非她的提案获得我的同意,否则瓦莱丽自己也无法知道猴子究竟会在她背上待多久。因为根据她的经验,她也了解她的提案可能会躺在我的公文包里好几周。可是我在临别时的这句话彻底扭转了局面,现在谁的背上有这只猴子?我。谁在监督谁?她在监督我。原地打转和遭遇瓶颈的情节又再度出现了。

MONKEY BUSINESS

第3章

猴子从哪里来

管理者会在原本就异常忙碌的上班时间累积无数等待照顾的猴子，原因就出在他们一开始并不明白猴子是如何往上蹿升到他们的背上的。所以，让我们为你抽丝剥茧，分析出猴子如何往上蹿升，从何处开始往上蹿升，以及会有哪些副作用。

抓猴子的工具

你抓猴子时，会用到哪些工具？每个人都有独特的抓猴子工具。这些东西的形状、尺寸不一。许多管理者喜欢带着炫目的电子秘书到处跑，有的人偏好电子记事簿，有些人用笔记本电脑——任何可以装载记忆的东西。打开这些工具，你就会看到写着"待办事项"的几页笔记。这些事项由谁分派？你自己。这也使得不同形式的时间与生活管理工具无异于抓猴子的工具。

抓猴子的地点

你会在什么地方找到猴子？某天你会从乔治那儿捡到几只猴子，你也会从其他下属的身上抓到几只猴子，因为你是个无可救药、患有喜欢扛责任强迫症的人。你不仅通过电话、电脑来抓猴子，在走廊上、楼梯间、电梯里、停车场、排队买自助餐的队伍中、洗手间、工作车间，你也会捕捉猴子。除了自己的办公室，你到处抓猴子。尽管你对其中一些猴子甚至一无所知，但是你仍然成打地将它们抓住并聚集起来。一天下来，你的台式电脑或笔记本电脑里便会猴子成群。

往上蹿升的猴子很容易被拖延

每当你稍微离开座位一会儿再返回办公室时，你会发现什么？你发现当你四处从下属身上抓猴子时，你的上司也没闲着。你的上司正不断孕育猴子。现在，他正准备生出双胞胎、三胞胎以及四胞胎的猴子。所以，在你的公文包、信箱或电子邮箱中，你会发现上司丢给你成群结队的猴子：一堆写着"来办公室找我！""这是什么？""请提交""继续"等内容的留言。

现在，你既有老板吩咐的工作要做，也有下属请示你的工作要做，可是你却没有那么多的时间完成这两组任务。如果不去考虑其中所牵涉的其他利益，你会优先处理哪一方呢？不用说，当然是老板优先，其他的事情稍后再说。无论老板给你的工作有多么琐碎，它们还是要先得到你的注意。

如果你还是感到困惑，不妨这么想：若你无法达成对下属承诺的事情，那是"延迟"。但如果老板希望你做的事情，你没有做到，可就不是"延迟"那么简单，后果会严重许多，那是"不服从"。如果你是个事业心很强、小心谨慎的管理者，而且必须在"延迟"与"不服从"之间选择其一，你会选择哪一项？通常你会选择"延迟"甚过"不服从"，这就是为什么往上蹿升的猴子很容易被拖延，成为"延迟"的受害者。

你将如何摆脱这种情形？很简单，抓起所有下属交给你的猴子，接着，把它们交给你的下属。此时，如果他们不处理，他们就是"不服从"。如果你没有把猴子交回去且什么事情都没做，那么你将获得"延迟"的罪名。

管理者的思考

如果这就是专业管理者完成任务的方法，那么，为什么管理者没有广泛使用这个简单的管理准则来处理下属的问题？

在现代的管理文献中，"不服从"这个字眼很奇怪地在层级关系的管理中缺位了。在以工时计酬的层级中，在军队中，我们会提到"不服从"；但在管理层次上，我们通常表现得很有礼貌。我们是共事者，我们是同事，强调地位差异显得太没品位，行为理论学家不喜欢这一套。但是如果你拒绝面对现实，那么你活该接受现实的惩罚。"不服从"是管理者与被管理者（上司与下属）关系中一个相当重要的因素：没有这套规则，你就失去了一个重要的依据。

下属的惯用伎俩

下属占用的时间是如何发展出来的？为什么猴子能不知不觉、隐而不见、无声无息地往上蹿升？为什么在管理者对它们一无所知时，便得到了这些猴子？原因就在于猴子开始往上蹿升时所用的方法。你走在走廊上，乔治对你说："嗨，领导！我们出现了一些问题。"你知道问题就出在"我们"这两个字上。

乔治很清楚自己在做什么。用"我们"来开头，能轻而易举地让你进入一种思考模式，认为这是大家共同的问题。换言之，他安排猴子一开始就踩着你们两人的背往上蹿升：一脚踩在你的背上，另一脚则在他的背上。乔治知道当大家把话讲完后，猴子只要抬起脚，他便能轻巧地闪开，让你独自喂养猴子。这就是迅速灵巧地转移掉自己身上的任务的方法。这是做下属的人擅长做的事情，也是很多企业被员工弄得工作进度缓慢的原因。

MONKEY BUSINESS

第4章

谁是猴子的主人

有两种方法可让你避免去背负别人的猴子。一种方式是训练猴子不要抬错脚；但更好的方法是第二种，也就是从一开始便不要让它们把脚放在你的背上。

"我们"没有问题

假设你有4个下属向你汇报工作，这是一个很优秀的小团队，而你就是团队的"教练"与"导师"。

在你们5个人当中，只有一个人有资格代表团队发言说："我们有问题。"这个人是谁？正是阁下——你。所以，当下属对你说"领导，我们有问题"时，此人就犯了越俎代庖的错误。你的下属没有资格替所有团队成员发言，说出"我们有问题"这样的话。

还有，当下属有问题找你求救时，他们大部分的目的不是寻求一个解决方案，而是找到一个能解决问题的人。

下属向上司报告时，唯一正确的发言方式就是说"我有问题"，如果他说的是"我们有问题"，那么他就是越俎代庖。何以见得？因为他们不能替管理者发言。老板是团队之首，其他的人只是成员。除非这句话由管理者来说，否则这绝对不是"我们"的问题。在管理者说"我们有问题"之前，问题都属于下属。猴子的双脚都是稳稳地站在下属的背上，除非猴子下定决心要跳到别人身上。

因此，当下属有问题来找你时，首先应该弄清：问题是什么、谁有问题以及问题属于谁。如果他们认为问题是你的，那么谁应该来负责举证？是你还是他们？举证责任永远应由他们负责。如果他们不能证明问题是你的，那么，问题又该归谁所有？是他们。这是你不必扛

第 4 章　谁是猴子的主人

下问题的原因，因为问题不是你制造出来的。**不要让指派造成问题的秘诀便是，不必凡事指派**。大多数管理者觉得分派任务很困难。何以如此？因为他们天天四处闲逛，无所事事；接着，他们颠倒工作程序，从背上捉下不属于自己的猴子，企图放回原来主人（下属）的背上，此时的痛苦犹如撕下粘在毛茸茸的腿上的胶布。千万别试着去体验这种痛苦！如果你没让猴子跳上来，你就不必把它送回去。

我可以想象你的脑海里现在正在想什么，而我也猜想得到明天一早会发生什么事情。有些下属能轻易地把你骗倒，你知道这些人是谁。你迫不及待地希望明天一早到办公室时，能给其中一个人机会，让他把猴子放到你背上，一如平日里他们经常对你做的那样。

你在走廊上走着，遇见了大卫。你正等着他上钩，因为他以前做过往上指派工作这档子事。他对你说："嗨，领导！我们有问题。"

你立刻打断他的话说："大卫，你说什么？"他回答:"领导,我们有问题。"

你继续说:"大卫,我们从来没有过问题。事实上,我们现在也没有问题。如果我过去曾经处理过这个问题,那么我们将来不会再有同类问题发生。当然,你所提的问题都很重要,我也希望你在之后的工作中能继续提问。我很乐意花时间和你讨论这些问题。"

"现在,我们就在走廊上讲清楚,现在要解决的第一项要务便是,找出问题属于谁,你还是我。如果是你的问题,我会尽力协助你解决。如果问题属于我,那么我相信你也会竭尽所能地帮我。但无论结果如何,下一个步骤还是你应该做的。"

现在,他开始纳闷,何必自讨没趣!

如果他事先知道你虽然会慷慨地让出自己的时间,但是下一个步骤仍然要他自己来做,那么他就可能会事先盘算不可避免的下一步究竟要怎么做。因此,他也不必多此一举,在走廊上把你拦下来。他现在正在展开的步骤是：自由层级第 2 级，请示要做什么。

为什么下属总是有足够的动力向管理者提出问题？因为一旦他们认为，自己的上司容易上当（是个解决问题的高手），其态度便会趋于"让他自己选择"，于是撒手不管。这并不表示这些下属很恶劣，但他们确实喜欢让上司去背他们的猴子。

专业的猴子管理者

为了说明这一点，我将不断描述和乔治在走廊上所发生的情况。这一次，我会表现出专业管理者的架势。

当我们两人在走廊上相遇时，猴子试着从乔治的背上往上蹿升。但因为我自认是个专业管理者，我会立刻把那只猴子抓回它原来应该待的地方。

乔治跟我说："嗨，安肯！我们有问题。"我现在先不把"我们"变成一个议题，我准备待会儿再来处理这一点。所以，我们就在走廊上花了 30 分钟讨论这个问题。30分钟之后，我说："乔治，我不知道时间过得这么快，但我还有别的事要办。我们对这件事情只是略知一二罢了，还需要进一步考虑。"

在此情况下，"进一步考虑"这只猴子还很模糊、很不具体。接下来，我要和他讨论猴子是谁的。我说："乔治，在公司里面，要对这件事情作进一步考虑的人，我只能想出两个——你和我。现在，既然我是上司，你就要负责把事情作进一步的考虑。因此，下午4点半，到我办公室来一趟，提出可行的进一步想法，要仔细考虑我对提案的接受习惯。"

我把他放在了哪一个自由层级里？第3级——提出建议，根据和我谈话的内容提出行动方案。

现在猴子在哪里？在他的背上。谁扮演解决问题者？他。我扮演怎样的角色？监督者。

这就是为何下午2点左右，我会经过走廊探头进他的办公室说："嗨，乔治！你的猴子现在处理得如何？"

第 4 章 谁是猴子的主人

我现在有足够多的时间,因为我不必背着下属的猴子。

请记住:"事情进行得怎么样了?"这句话是为了弄清谁才是管理者而说的,以防他忘记。

现在是下午 4 点半,如果他没出现在我的办公室,我们称此情形为"不服从"。因为,要求下属汇报一些进展或成果,并非不合理。如果他 4 点半来到我的办公室,却毫无想法,我们也称此情况为"不服从"。因为,要求他提出一些想法,并非不合理。但如果在此阶段要求他有很好的想法,可能就不太合理。

他的桌上摆着心爱的老婆和 3 个可爱小孩的照片,他甘冒"不服从"风险的概率有多大?几乎等于零。但如果我告诉他:"让我想一下,再告诉你要怎么做。"身为管理者,我能在下午 4 点半想出点子的概率有多大?几乎等于零。所以,现在我对于玩这个游戏已经渐入佳境。

千万牢记"猴子"这个比喻的定义:双方谈话结束

后的下一个步骤。

　　所以，无论问题是什么，下属永远是承接下一个步骤的那一方。这一点相当重要，原因有二：第一，让下属自觉地说出"我有问题"，你自然就具备了分派任务的能力；第二，如果他们说"我们有问题"，那么除非你先解决你所遇到的问题，把问题丢还给他们，否则你将无法分派任务。如果他们直截了当地说"我有问题"，那么分派任务就变得更简单，只要顺其自然，保持现状即可。

MONKEY BUSINESS

第 5 章

管理不当的猴子

第5章 管理不当的猴子

当管理者让往上蹿升的猴子堆积如山时,管理不当的猴子便会危及你的职业生涯。

谁为谁工作

假设我有4个下属,他们深知我对时间的要求,所以他们私下约定,无论是通过电话、传真、电子邮件,还是以会面的方式,每天从他们背上爬到我身上的猴子不要超过3只。他们这么自制的表现,确实相当出人意料。不过,我们再来假设一下,每一周的开始之际,我是无事一身轻的状态,但如果一天下来,从他们每个人背上跑到我背上的猴子有3只,那么总共就会有12只大吼大叫的猴子在我背上,每只猴子都会消耗掉我一些时间。

每一只猴子都意味着时间的消耗。当你对下属说"让我想一下,再告诉你要怎么做"时,你计算过,要花多少时间才能完成那个承诺吗?没有。因为"想一下"是个不具体、很主观的短语。我们很少把"想一下"当成是具体的下一个步骤,或需要在限定时间内完成的任务。这也是我们会轻易允诺他人的原因。

现在,我们假设解决一只猴子平均要花 30 分钟。我把下属的 12 只猴子扛到自己背上,那么,这就等于承诺了我自己必须每天花 6 小时处理下属的问题。

关系恶劣

假设我是个完全业余的管理者,那么,我可能一事无成。如果我想一展身手,就必须先找到自己的支持者。这迫使我需要一路攀上顶峰,寻求我需要的支援。此外,我得每天接收 12 只猴子。再多的薪水也无法弥补我的精神创伤,因为我过着被老板拴死套牢、被制度弄得焦头烂额,还受到下属处处牵绊的日子。

要处理完这些事情,每天 24 个小时根本不够。因为每到周一下午 4 点半,我的桌上就有 12 只猴子。为了让自己做事时更有章法,我去买了一本大学教授写的《时间管理》(The Management of Time)。作者告诉我,我要做的第一件事就是排好优先次序。所以,我将这一打猴子按照优先次序进行排列,把打算先处理的猴子放在最前面。不过这件事情我也只完成了一半,因为我过着被老板拴死套牢、被制度弄得焦头烂额,还受到下属处处牵绊的日子。我打算把猴子全部抓进猴子笼里,回到家后继续在书房里对付它们。但是当我回到家时,太太站在门口迎接我。她说:"安肯,你回家的时间正好,还来得及换衣服。"我说:"为什么要换衣服?"她说:"你又忘了吗?今天是我们的结婚纪念日。"我暗忖:"改天再来应付这些猴子吧!"

隔天(周二)一早,我又把这些猴子带回办公室,重复过着被老板拴死套牢、被制度弄得焦头烂额以及从下属背上接收新的 12 只猴子的日子。我试图为这 24 只猴子排好新的优先次序,但这一计划又被很多琐事打乱了。对于这 24 只猴子,我根本无法区分出 5 号和 6 号的不同,或者 14 号与 15 号之间有何差别。

幸运的是,在这本《时间管理》的第 2 章里,教授早已预知此问题。他写道:"当猴族壮大时,你可以一次捉个三四只长得相似的猴子,对着每只猴子喃喃自语,让它们排排坐。接着,再捉另外的几只,把它们放在另一排。如果你能持之以恒,就会有四排或五排的猴子排排坐,接着,再将它们排出一个优先次序(至于编号,此时已无多大意义)。"

但当我准备排定这些优先次序时,打心底里觉得好笑,因为我已经和每只猴子(真正的工作)渐行渐远,与主观事务分类的抽象意义却越来越近。这种经验或许对撰写企业管理类书籍的人弥足珍贵,但对于一个要完成任务的管理者来说则并不值得高兴。

所以,我又一次将所有猴子丢进猴子笼里,把它们带回家,期待今晚可以如期完成这些工作。但这次在门口迎接我的是一群向我"讨债"的人,也就是我作为父亲、邻居、平民百姓等各种角色时与我产生对应关系的人。

第 5 章　管理不当的猴子

我太太提醒我，7岁的女儿今晚6点半要接受颁奖。地方报社的摄影记者会报道这件事情，明早报纸会刊出，徽章需要父亲亲手为女儿颁发，所以我不能缺席。

太太补充说明，教友们今晚要聚会，身为财务委员的我必须出席。

还有，我一年前辅导成立的地区社团举办了活动，今晚也要聚会。身为发起成员和创办人，我同样必须出席。

我必须对其他的角色略尽义务，当我完成最后一件工作时，即能成为永远的问题解决者了。

那天晚上我颁发徽章给女儿。

接着，冲进教堂开会，我说："各位兄弟姐妹，今晚我没时间与你们共聚一堂，但我想简短地说几句，我会与你们一起祷告，支持你们的任何决定。如果需要帮忙，欢迎打电话给我。"

之后，我又赶赴下一场聚会，把同样的话重复一遍。

这个夜晚，我赶赴一个又一个的聚会。

周四早上，我把之前的 36 只猴子放在桌上，但我又一次被老板拴死套牢、被制度弄得焦头烂额。当天，我从下属身上又捡了 12 只猴子，现在猴子的数量已累计多达 48 只。

强迫搜集猴子的命运

但周五的情况不同于往常。到了周五，我总是在中午时分便会收到这一天应该收到的猴子，因为下属喜欢早早地把桌面整理干净，以便能尽快去欢度周末。

我坐在桌上，注意到公文包已经打开，所有的猴子全部跑了出来。我一共有 60 只猴子。桌面摆不下这些猴子，它们纷纷从桌子边缘掉下去。我看着它们在我的办公室里玩起"捉迷藏"。它们在墙壁上爬上爬下，挂

第 5 章 管理不当的猴子

在立灯的灯杆上。我试着把这些小怪物抓回来。每抓回三只,就又跑掉两只。如果有人问我:"安肯,你现在还有几只猴子?"我一定会回答:"粗略估计大约有20只,最多不超过30只。"但即使我把这些猴子都抓齐了,我还是没有时间处理这些猴子。

我对着自己说:"安肯,你一定要想办法解决这件事。不然你永远没办法作出决定;你永远没办法看完这些报告、传真、电子邮件和会议记录;你永远不会把这些事情做完。"

周五下午2点半,我决定分析自己的问题出在哪里。我知道我需要一点隐私,但我的房门必须打开。人们在我的办公室进进出出,犹如车站那么热闹,电话铃响不断,而传呼机一直处于呼叫状态。所以,我站起来,走向房门,一脚把门踢上,再从里面反锁,以求得片刻宁静。我取下传呼机的电池,把电话线扯掉,不过,我想我还是躲不过内线电话。于是,我坐回位置上,打内线电话告诉秘书:"苏,我整个下午不想被任何人打扰。因此,我不想见任何人,除了你知道的那几个人例外；我也不想跟任何人讲话，除了你知道的那几个人。"

谁是"你知道的那几个人"？他们就是可以随意进入我的办公室打断我工作的人，而且往往是一些对我来说很重要的人物。

> 例如我的老板，还有公司里不必敲门就可以走进我办公室的人，或是任何想见到我的重要客户。
> 不然的话，难道要秘书对客户说"抱歉，安肯先生现在没时间会客，他有要事在身"这样的话吗？这样以后还会有客户上门吗？

假设现在公司内外有 40 个人会影响到我，当然 4 个下属也在其中。紧闭的大门能阻挡谁？当然是我的下属罢了。然而，我若把 4 个下属算在 40 个重要人士中，关闭的门便只能挡得住 10% 会威胁我的人，10% 根本就没有任何意义。这也是为何上班时间采取"门户紧闭策略"在管理上只是空中楼阁的幻想，因为它根本就行不通。

到了下午4点左右,苏打电话给我说:"安肯先生,我想通知你,乔治、迈克、瓦莱丽和大卫坐在办公室外面,他们在外面等了两个小时了,急着要在下班之前见到你。"

当时我说:"苏!你说他们已经在外面坐了两个小时?告诉我,他们这段时间都在做些什么事?"

她说:"他们一直在玩电脑游戏,并且现在还在玩。"

我暗忖道:"为什么我的下属不会自动自发地找事情做?"我不禁崇拜起大师道格拉斯·麦格雷戈(Douglas McGregor),他说过"下属会自动自发地找事情做"这句话。如果在他手下工作的是这批为我工作的人,坐在办公室外面,上班时间玩游戏,我想他也不会这么写了。如果下属在上班时间玩游戏,管理者却忙得不可开交,这一定是不合理的,不然整个社会的价值观就要崩溃了。

我深受大萧条的影响。我懂得了钱的价值与辛苦工作的尊严。霍雷肖·阿尔杰（Horatio Alger）、安德鲁·卡内基和亨利·福特都是我崇拜的偶像，而他们也是造就美国傲人成就的代表人物，和那些帮我工作的家伙截然不同。

但是，他们为什么会待在外面无所事事？中午刚过，就在午餐之后，他们回到自己的座位，一如往常的周五下午，他们开始计划如何欢度周末。当他们计划好之后，心思就跑到了下周一，他们决定既然还剩下几个小时，干脆计划一下下周一的工作与进度。但他们看看桌上，发现自己没东西可以整理。过去几天或几周里，他们把手上每个重要的案子都交给我。在没有重大任务可做的情况下，他们根本无法预先计划。这就是为什么他们坐在我的办公室外面，他们是想把猴子暂时要回去，用以完成下周的工作计划。他们坐在外面只是为了玩游戏，扮演监督者的角色！如果我还没有给他们反馈，相信他们就会纷纷说：

> "嗨，领导！事情进行得怎么样了？"
> "要作决定了吗？"
> "我们已经浪费很多时间了。"
> "你准备什么时候开始？"
> "我们何时可以展开行动？"
> "我们何时可以作出决定？"

当我把他们的猴子全部接收过来时，他们就成了我的监工。他们事实上是在"等待指示"。我的下属已经无法掌握自己的工作时间与内容，他们也不喜欢这样。

心理学家告诉我们，当你无事可做时，你会觉得很沮丧。有人说游戏就是治疗沮丧的良药，所以游戏就是我的下属在上班时间用来避免无聊与发疯的良方。

同时，我现在早已克服内心的罪恶感，门户紧闭让我的下属满怀挫败感。我们就像 5 个在管理大海中载沉载浮的人，正互相把对方拖下水。

如果我听得到下属在办公室外面的谈话内容，我一定会展开"谋杀"行动。瓦莱丽正指着我关闭的门说："那个人从来不会作出决定。我们可以尊称他'瓶颈安肯'。我真是不了解,为什么一个无法下决定的人,可以在公司里爬到那么高的位子。这又是一个劣币驱逐良币的例子。"我是公司里的一位工作认真、忠贞不贰的好员工,每天24小时尽心尽力不停地工作,他们在那里无所事事,竟然还批评我是个平庸分子。我们的社会真是要完蛋了。

本杰明·富兰克林的祖父曾经说过,如果你希望把朋友变成敌人,最快速、简单的方法就是受朋友恩惠。这也是他建议我们千万不要向朋友借钱的原因,如此,你才不会受他人的恩惠。

我的下属给了我很多间接的恩惠。比如,我领着比他们高的薪水,可我没有针对他们的问题、建议和提议做出回应,他们也没有向老板告我的状。不过,这样发展下去,我们很快就会成为敌人。

显然,到处树敌会让我更难开展工作,而我需要把

第 5 章 管理不当的猴子

时间放在应付老板与组织的要求上。为了完成这些任务,我需要可支配时间,但因为被眼前这些猴子团团缠住,我根本无法拥有个人的时间。我陷入了一种无法自拔的恶性循环中。

一个人怎么可能忙个不停,却又一事无成呢?这是因为身为管理者的人承诺了做以下事情:

> "我会想一遍,再让你知道怎么做。"
> "我会找某人谈谈,再回来告诉你。"
> "我看完你的报告之后,会给你答复。"

你想他兑现承诺的概率会有多大?微乎其微。

因为对管理者来说,这些承诺也是一只猴子,而且这只猴子要和来自老板、制度与重要客户的猴子彼此竞争。在这种情况下,没有任何一位管理者能有时间兑现这些承诺,无论他有多么强烈的意愿。

现在是下午5点，我的背上已经有这么多猴子，在挫折与工作量过重的双重逼迫下，我已无法避开这个无所遁形的摊牌时刻。今天，我一定要痛下决心。我这种业余管理者只想得出两个方法：(1)尽量找出时间；(2)提早退休（这一点我做不到）。

我又想起多年前公司派我参加一位著名企业管理顾问公司开设的"管理者如何解决问题"一日课程。课程顾问说："管理者一般在彻底分析与界定问题之前，便做出了解决方案。"他举出这种做法的严重后果。"在管理上，"他说，"99%的问题解答就在问题的分析与定义中。因此，你们若能花时间做足分析与定义的工作，办法就能不费吹灰之力展现在眼前。"现在我已无路可退，即使可能死得很难看，我也决定照本宣科。课程顾问说："拿出纸和笔，如果你已经做过分析与定义，你就静静等待吧，答案会从纸上跃然而出。"

苦思冥想15分钟后，我想到的问题就是："进度落后。"现在，我就要告诉你，答案是何等简单和呼之欲出。一旦你把问题公式化，唯一可靠的解决方案就会出现:"赶上进度。"

因此,我决心赶上进度。可是,该怎么进行呢?我选择周末那两天到办公室加班,这是最明显的答案。

在对乔治那些被延误的问题作出决定后,我便可以在周一早上把他叫进办公室,清楚地告诉他我的决定。于是他将笃定地离开办公室,劲头十足地去做自己的工作。

看完迈克的每一份进度报告,明确他所请示的事项后,我也会找他来办公室,清楚地给他接下来的工作指示,让他走出去时,能够焕然一新、斗志昂扬地做自己的事情。

对于瓦莱丽和大卫,我也会如法炮制。

现在已经是下午 6 点,该是回家的时间。可是我该怎么回家?当然是一如往常,走出办公室,走到大厅,下楼梯到停车场。但如果我这么走出去,就会在回家的途中遇到这些下属，他们一定会借机询问事情的进展并顺便再扔几只猴子过来。

我们可以再看看公文包里面这 60 只大吼大叫的猴子，回想一下它们是怎么来的。而现在由谁担任监督者的角色？下属。谁是解决问题者？我！当我走过去时，他们会说什么？

> "丢硬币吧！"
> "下决定吧！"
> "作一下决定吧。"
> "嗨，领导！事情进行得怎么样了？"

为什么他们会这么说？因为他们将所有的任务与下一个步骤丢给我之后，工作已经完全瘫痪了。但因为我是个业余管理者，我并不了解这一点。我只知道，如果我经历了他们的争相询问，只是看到他们，我都会满怀愧疚。最严重的是，当我走过去时，还会有半打的猴子跳到我的背上，而我对此却一无所知，直到回到家里才恍然大悟。

难道要走过去，接受他们的争相询问？我像逃犯般地从另一个出口跑到停车场，跳进车子，开车回家。

在回家途中，我又想到另一点。如果一开始我就不知道自己已经惹了一堆猴子跳到背上，又如何能知道应该减少猴子的数目？

我的处境其实是"当局者迷，旁观者清"。我是个认真工作、忠心耿耿、无私奉献的公司员工，在4名"管理者"对我的全方位监督下卖力工作，他们经常要求我对交办的事情负责。他们擅长于分派任务和追究到底（追问"事情进行得怎么样了"）。处境如此，而我却看不透。

想到如此惨状，随之而来的是一个失眠的夜晚。

隔天早上吃完早餐后，我提着猴子笼，一言不发地走向车库。我太太预感到我将要干什么，便紧随在后，语带哭腔地说："安肯，这个周末又要像以前一样吗？"我两眼垂泪地说："亲爱的，你知道我这么做，都是为了你和孩子。"

就在我走向车子时,听到了小女儿问太太说:"妈妈,如果爸爸不能在这周之内完成工作,他们会不会把他归到后进班——就像我在学校那样?"

我进入车内,开车回到办公室。我的车子是周六早上停车场中唯一停放的一辆。我走进办公室,走进大厅走廊。回荡在无人大楼的脚步声,这时显得更加响亮。公文包在这个周末的早晨无比沉重。我尽职尽责地走进办公室,把公文包放在桌上,打开开关,研究着自己到底要做什么。

MONKEY BUSINESS

第 6 章

成为专业驯猴师

在我埋首工作前，我抬起头来眺望窗外美景。看着对街的高尔夫球场，多希望自己此刻就在球场上。当我的目光停留在第一杆球洞时，你猜我看到了谁？乔治、迈克、瓦莱丽和大卫。

如果我可以展翅飞出窗外，飞到他们的头顶上，就可以听到他们的对话。他们指着停车场说："嘿！事情终于有进展了。安肯好像决定不再空占着职位不做事了。"这种口吻像极了管理者谈论起不认真工作的下属，而这个"下属"终于决定好好工作，不辜负公司付给他的薪水。

他们为什么会有这种念头？因为他们学到的是传统

的管理课程。他们认为上司（也就是我）的工作是计划、管理、组织、控制与协调，他们深信，他们今天之所以落到这步田地，完全是因为上司未能善尽计划、管理、组织、控制与协调的工作。难怪当他们看到我终于开始加班工作时，会如此士气大振。

还记得多年前，我的第一份工作是在工厂当计时员工。到了周末上午，我和我的伙伴们还经常到工厂加班赶进度。我们也知道上司正在球场打球，但都觉得这种现象理所当然，这也是过去的奖惩制度能够行得通的原因。然而多年后，当我成为上司时，依然还是待在办公室。此时，待在高尔夫球场上的是新生代员工，我却无法问苍天："天啊，奖惩制度是何时与我擦身而过的？"

启示

就在拨云见日的刹那间，我终于明白了：

> 不是他们在替我工作,是我在帮他们工作。

我终于领悟到,他们的挫折来自把所有任务都交付给我,而我的罪恶感来自我从来无法赶上进度。

我的问题根植于某个古老的心理学原则,即伯尔赫斯·斯金纳(Burrhus Skinner)[1]所说的:"任何你所鼓励的行为,都会受到强化。"

我突然体会到,如果我把原本计划在周末到办公室加班的事情做完,只会让事情变得更糟糕。

为什么?

如果我鼓励乔治把他的问题拿来给我,让我帮他解

---

[1] 美国心理学家,新行为主义学习理论的创始人,操作性条件反射理论的奠基者。——编者注

决,他将来找我协助解决问题的频率与难度将会有增无减。如果我鼓励迈克把每一周的进度传过来,让我在阅读后准时给予正确的解答,将来,我从他手上得到的进度报告,在长度与难度上也只会与日俱增。

总之,如果我把任何来到面前的事情都处理掉,我只能让事情的输入速度快过解决的速度。我只是一个一天只有 24 小时的平凡人,但其他 4 个下属却不断塞给我事情,他们现在的工作产能已经变得很低。一个"下属"不可能替 4 名"管理者"工作,尤其是在这些"管理者"每天只把时间花在给唯一的"下属"布置工作的情况下。

如果你是个认真工作的人,想不断地接受 4 个虚拟的训练有素的"管理者"下达的指令,你真是自掘坟墓。

> 你做得越多,别人给你的任务就越多。

因为事情进行得太过顺利,我终于培养出一群下属,一群到哪里都会是最佳问题发现者的人。接着,如果我半路阵亡,公司将折损一名有解决问题能力的员工,而部门责任将交给一群只会提出问题的员工。但愿这种灾难是发生在对手公司里。

我现在得到一个启示,这将不可磨灭地永远铭刻在我的意识里:

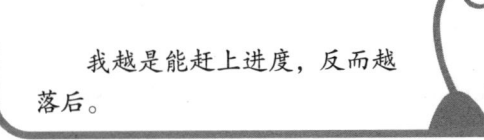

> 我越是能赶上进度,反而越落后。

以上论述只适用于管理工作,但不适用于技术性的工作。在技术性的职业与工作领域中,你越是能赶上进度,你就越能按时完成工作。这也是为什么当我们迈向管理阶层时,我们仍然会继续认为"赶上进度"是解决问题的根本对策。因为当我们处于技术性工作层级时,这一套曾经很管用。

例如，你若是待在工程部门，当绘图工作进度落后时，我会对你说："周末到办公室加班，就可以赶上进度。"没错！这一点你可以办到。如果你在会计部门工作，报表没完成，我可以说："周末来加班，你就可以赶上进度。"你确实能够赶上进度。但如果你的管理工作进度落后，你越是能赶上进度，反而越落后。

请教一下，现在落后的是谁的工作？如果我把公文包拿到警察局犯罪实验室指纹检验科，请他们检验每张纸上最原始的指纹后，告诉我这是谁的工作，警方肯定会告诉我是下属的工作。15年来，我都不曾延误过工作！我根本没有时间展开自己的工作，因为时间都被下属的工作占据了。

打破恶性循环

当我发现这一点后，我旋即明白，这个周末最恐怖的地方就是我的办公室，这是一个我再多待下去就会发生一场灾难的地方。当时有个人正好看到我合上公文包，便飞快地尾随着我走过走廊。

紧跟着我的是一位周末值班的警卫人员，他问我："安肯先生，你到底赶着要去哪里？"我说："闪开，别挡我的路！我不是因为要去什么地方才跑得这么快，我是要逃离这个地方。"

我冲下楼梯，三步并作两步，跳上车子，漫无目的地在附近开着车子乱兜。过了10分钟，我发现自己来到了郊区。我不知道自己到底在何处，不知道该往何处去，不知道这个周末要做什么。

我抬起头仰望天空说："上天啊，我不知道怎么运用时间，15年来，我都没有自己的时间。我该怎么办？"

上天说："做一些你可以掌握的事，比如扮演好你在生活中的角色，这也是你每天早晨会起床的原因。这样，你就会有很多可以赶上进度的事情可做。"

我说："你见过我最近的生活绩效考核表吗？我还有机会吗？"

上天说:"是的,我今天早上看过。你还有机会,因为上面一片空白。"

受到这种评估的鼓励,我立马调转车头,开往家里。在家人打发周末之前,我还来得及赶上他们。我十万火急地赶到家,紧急刹车停在屋前,摇下车窗大喊:"嘿,亲爱的!嗨,孩子们!准备好你们需要的东西,我们要去野餐。"他们不知道我说的是哪一种野餐。那是一种很特别的"野餐",是15年来我都没有时间去的野餐。他们困惑不解地进了车子。

我们一起往游乐场出发,一整天都待在那里,荡秋千、打排球、玩跷跷板,玩各种游乐设施。

周日早上,我和家人一起去教堂。我不记得上一次和家人去教堂是多久以前的事。下午,我们再度跑到游乐场。到了晚上,我很平静地上床睡觉。

从下属占用的时间到可支配时间

我们稍微暂停一下这个故事,看看事情的来龙去脉。我的问题是:当我周末早上回到办公室,我原本打算花费两个整天——60只猴子×30分钟(分给每只猴子的时间)= 30小时的工作时间完成工作。但这是属于哪一种时间:下属占用的时间还是可支配时间?当然是下属占用的时间。

现在,过了15分钟,在周末的加班时间里,我还是毫无计划,不知道自己进行到哪里,不知道自己该往何处去。于是我开车回家,和家人一起度过了周末。我现在花的两个整天是属于哪一种时间:可支配时间。

短短15分钟之内,将两个整天(下属占用的时间)改为自己可支配的两个整天,这是很多人恐怕花上15年都无法实现的举动。

MONKEY BUSINESS

第 7 章

让猴子跳回主人背上

第 7 章 让猴子跳回主人背上

周日晚上，我睡了个好觉，足足睡了 10 小时。事实上，我睡得太沉了，结果那一夜我的太太几度以为我已经睡死了。她拿起手电筒照着我的脸，想看清楚究竟是怎么回事，发现我的脸上洋溢着美丽有如天使般的笑容。

我到底在笑什么？我会告诉你，我到底在笑什么。对于要如何应付乔治、迈克、瓦莱丽和大卫这 4 个人，我胸有成竹，这也是我会面带笑容的原因。我从来不曾在周日晚上上床时，脑海里对周一早上即将发生的状况如此笃定。

锦囊妙计

周一,我准备好要运用下属占用的时间,将背上的任务转移到下属背上。在转移过程中,我将会获得同样多的可支配时间,有一部分时间我会和下属一起研究,让他们学会这套困难却值得学习的管理艺术——照顾与喂养猴子。

我现在第一次和他们共事而非帮他们做事。我也将多出一些可支配的时间,好让我掌控老板与组织所占用的时间、时机与内容。

至于可以掌控的程度则由我自己、满足老板的技巧、对公司要求的服从程度来决定。成功与否也取决于老板、同事与下属对我的工作内容是否了解。否则,日后面对所有这些人时,还是会遭遇重重的困难。

我得到的奖赏将是获得额外的可支配时间,这可以使得我完成具有创意、原创性与策略性的规划,这些任务也是公司雇用我的目的。如果你没有可支配时间,就绝对无法展现出创意与创新能力；但你必须在得到可支配时间完成上述任务之前，先掌握好下属的状况，而这也要花费时间。

周一早晨，睡了 10 个小时补充体力的好觉之后，我步履轻盈地下楼吃早餐，拿起我的猴子笼，穿过厨房大门走到停车场。我驱车前往公司，一路上吹着口哨。

停好车子，我走进办公大楼，心中期盼能碰到上周那些令我唯恐避之不及的人。当我走到办公室前，猜猜我看到了什么？熟悉的景象：他们像 4 只乌鸦一样，一字排开坐在办公室外面，等着要问相同的问题：

"我们要怎么解决预算超支的问题？"
"删减成本的计划案要怎么进行？"
"我们的进度落后了，再过几天怎么来得及拟出进度报告？"
"安肯，我们跟大客户之间的问题要怎么处理？"

上周我对这些人唯恐避之不及,因为我觉得问题都出在我身上。

现在,当我走到这些人面前时,才蓦然明白:对我而言,周六早上所发生的事情,显然是奇迹般的逆转,因为我现在的看法已经截然不同。一个人怎么能在短短两天之内由恨转爱?我为什么会爱上这些人呢?因为这是我有生以来第一次看到,他们每个人都还有潜在的空间再多养几只猴子。我想象自己背上的猴子大部分被抓下来,被分派到4个背部,如此,每个人背上的猴子数量将大大减少。

我面无表情,努力让自己喜怒不形于色地走过他们身边,但我是个烂演员。他们看到了我的眼神,我的眼神透露出这是个令人愉悦的早晨的信息。我的行为改变让他们无法平衡心态,所以当我跟他们擦身而过时,他们只是呆呆地瞪着我,一脸不可置信的表情。我的秘书苏注意到我的行为还有另一个变化——我没有关上办公室的门。我尚未吭声,但办公室里的每个人都感受到我的管理风格将有重大变化。

物归原主

我将他们一一叫进办公室。每次面谈的目的都是要抓出一只猴子，将猴子放在我们之间的桌上，一起想办法让他们带走自己的猴子并负责下一个步骤。

有些猴子确实耗费周章，比如，乔治的猴子。下一个步骤可能很虚无，所以我可能会决定至少当下让猴子在乔治的背上睡一夜，明天早上再指定碰面的时间。我要求乔治回到办公室继续考虑他的下一步要怎么走。

现在，可以确定的事情就是，这只猴子可能会变成我的。我们说："每只猴子都有它的归宿，现在的这只不是我的就是乔治的。"毋庸置疑，它很可能就会变成我的猴子。倘若如此，举证的责任归谁？当然是乔治。当他向我证明猴子是我的时，猴子应该要在谁的背上？还是他的背上。这时，我必须表现出理性、研究的姿态，抓起这只猴子放回它的主人背上。我肯定不会主动捡起这只猴子。如果是猴子往上蹿升到我背上，后来又证实猴子应该是乔治的，我以亲身经历跟你打包票，将猴子从自己的背上抓下来再放回主人背上的过程，真是苦不堪言。所以，与其要经历这种痛苦，不如在决定猴子属于谁之前，根本就不要让猴子跳到你的背上。

如果我把猴子揽在自己身上，它们即成为只有我才能下决定的责任，我应该如何处置它们？需要把它们归档。可是，我的档案系统根本没有空间处理稀奇古怪、一次性的事情（这类特定的猴子）。简而言之，如果我悬而未决，最后就可能弄丢这些猴子。但如果我要求下属监督它们，然后他们找不到这只猴子，他们就犯了"不服从"的过失。**因此，不要弄丢东西的不二法则，便是不要自己进行归档——把猴子交给下属去归档。**接着，如果他们找不到这只猴子，他们的职业生涯将出现问题。如果你很聪明，那么，你的办公室将会空无一物。

想象一下，假如我的下属提出一项议题企图引起我的注意，很明显，下一个步骤就会成为我的事情。我可以对他说："我猜，现在猴子是我的，只有我能够处理。没有人授权给你处理这件事。但是从我办公桌上堆积如

第 7 章 让猴子跳回主人背上

山的公文可以预见,未来的 24 小时之内,我都没有时间处理这件事。所以,乔治,在接下来的 24 小时之中,猴子需要栖身过夜。我认为在它跑到我的背上之前,还是先在你的背上安稳地睡一觉吧。所以,照顾一下这只小东西,明天再来我的办公室。从现在起,你要负责喂养这只猴子 24 个小时。"

乔治背着这只猴子走出办公室,但是他一件事也不会做,对吧?他当然不会做任何事!这只猴子是我的下一个步骤,但与其把猴子放在我的公文包里过一夜,不如把猴子放在他那里。

第二天,他来到我的办公室对我说:"你的猴子还你。"我说:"它现在的情况如何?"他说:"和我昨天带走时一样。"我说:"好吧,你看看我的桌子就知道,再过 24 小时我也没时间处理这只猴子。请再帮我照顾一天,明天向我报告情况。"他走出办公室,隔天如约前来。我说:"它现在的情况怎样?""没变。"我们持续过招。如此过了 35 个回合,依然一事无成。请别忘了,虽然毫无进展,但猴子此时不在我的身上。

如果我把它揽在身上,现在的进展将会如何?它将依然摆在我的待办事项档案中瞪着我看,让我越来越有罪恶感。就这样,经过35天之后,乔治再也无法忍受这种情形。于是他对我说:"嘿,安肯,这个游戏还要持续多久?我一定要摆脱掉这只猴子。它就像苍蝇一般粘在我身上。我要怎样做才能摆脱它?"我说:"我不知道,乔治,你想如何摆脱这只猴子?"如果我之前将那只猴子交给乔治,让他归档,那么,他现在就不必伤脑筋。但现在这件事情就好像旅游时的往返路程,回程时又找上他。我说:"我不知道你要怎样摆脱它,除了一种方法,那就是你想办法解决这件事情。我知道这对你来说是个全新的经验,但千万别退缩。"

如今,我们已经让苦乐参半的原则奏效了!在他面前,有两个不怎么愉快的行动方案:一个方案是继续在这个游戏中无止境地轮回,这样将会异常痛苦;另一个方案便是想出办法,这一点也很痛苦。你认为他会觉得哪一种选择比较不痛苦?对,想出办法。他可以到处走走,听取别人的意见,从而发现原来我不是公司里唯一的资源。他将在别人身上尝试一下,听听那些意见,并

第 7 章 让猴子跳回主人背上

最终想出一个令我惊讶的办法。

乔治抓起了这只猴子,转身离开我的办公室。在他离去之际,我看到一幕自己多年不曾见过的情景——乔治的背上驮着一只猴子,那只猴子四平八稳地趴在他的肩膀上。所以,从现在到约定好的喂养猴子的时间,是我在等着他,而不是他在等着我。

那天下午,我好几次走过他的办公室,探头问他:"嗨,乔治,现在事情进行得怎么样了?"

我告诉你,没有任何事情比这件事还棒!当然,在他交给我答案之前,我可以在走廊上通行无阻——我从未听到答案。我现在一点儿也不需要去为答案而烦恼。到了约定好的"喂养猴子的时间",自然就会知道答案。"喂养猴子的时间",是用来比喻当你问某个下属某只猴子"现在怎么样"以及对方回答你、展开对话的时间。现在,我只需要不时地抓住机会询问问题,这样的方式也是我的全新经验。或许在猴子的一生中,这类问题你可能需要问上好几遍,这取决于你有多迫切。这就是所谓的"管理者的工作治疗"。

训练你的下属

现在猴子在谁的身上?乔治。谁有任务在身?乔治。谁要控制工作进度与内容?乔治。但是谁有较多的时间?是我本人。

这就是专业管理者训练下属的方法。但距离乔治成为他想担任的真正独当一面的管理者,他还有一段很长的路要走。不过,即使整个旅程路途遥远,也要踏出第一步、第二步,以及采取相关措施和进行猴子管理才行。

如果对乔治而言,猴子管理是一种全新的经验,那么,他可能已开始显现出紧张的症状。他可能会紧张抽搐、胃胀气、头痛欲裂。他相信自己需要有人帮他喂养猴子,也会来找我(他的上司)帮这个忙。**通常,当下属有问题找上司求救时,他们大部分的目的不是寻求一个解决方案,而是找到一个能解决问题的人。**

所以，我对乔治说："我希望自己尽可能帮你的忙。协助你是我的职责，我也有时间帮你。但是为了协助你，我们必须先达成共识。第一点，先了解情况；第二点，确定何为基本规则。当我们能够达成共识之后，我就可以帮得上忙。首先，就是要了解情况。告诉我，乔治，这是你的问题还是我的问题？"

乔治回答说："安肯，就我记忆所及，我们把它界定为我的问题吧！"

我说："好，接下来就是确定基本规则。"

"因为一旦你的问题变成我的问题，那么，你再也没有问题可言，而我也无法帮一个没问题的人去解决问题，虽然我很想帮助你。所以，会议结束时，问题怎么来，就怎么去——在你的背上。"这是基本物理原则的描述：当输出等于输入时，就没有东西剩下。

> 任何时候,在我帮你解决你的问题时,你的问题绝不能变成我的问题。

"在任何约定好的时间里,你可以要求我帮忙,而我们也可以共同决定下一个步骤是什么,以及我们两人中哪一个人要去执行这个步骤。"

"当下一个步骤变成是由我来执行时——当然这种情况很少,你我两人必须共同作决定,而不是我独自去走下一步。乔治,你接受这个基本规则吗?"

他说:"好。"
我说:"还有,你何时会展开下一个步骤?"
他说:"嗯,我下午会找会计部门谈谈。"
我说:"你大概什么时候来我的办公室,告诉我你的决定?"

他说:"明天早上 9 点。"他站起来,走出我的办公室，猴子在他的背上。我把时间写在工作日程上，往后的 24 小时，我只要等着他就好，他再也不必等我。

我想，你肯定知道为什么我要将面谈时间写在工作日程上。这不是为了恐吓，只是要他知道明天约定的确切时间，如果过了这个时间，他没有出现，或是两手空空地出现，那么，他就是一个"不服从"的下属。我必须重申一遍，要求下属出现，或要求他在会议上报告工作成果，这是相当合理的要求。

提前安排讨论时间是为了减少延误的可能性。何以如此？因为下属会重视你要检查的东西，而不是你期待的每件事。如果没有约定好喂养猴子的时间，就可能会发生"延迟"的情况。没有约定，就不可能有迟到的情况，如果没有迟到（紧接着是处罚），行动的压力也会随之减弱。为了每个参与喂养猴子的人着想，安排好讨论时间是很有必要的做法。这样将有助于我们维持猴子的健康状态。

健康的心理

我现在的感觉就像第一次帮病人成功拔下牙齿的年轻牙医,急着大喊:"下一位!"我很快地连续召见了其他几位下属。早上 10 点半,我已经将所有的猴子都放回它们原来的位置。

> 我摇身一变成为一位专业管理者:我再也不必背着下属的猴子。办公室外面的四张椅子已经空空如也。我不会耽误下属,我也不再是他们遭受挫折的来源,而且,我的心里不再有罪恶感。

任何降低组织里挫折感与罪恶感的事情,都有助于员工心理健康。这确实是一大创举,但不意味着他们会高兴。他们只是心理会比较健康而已。

现在,就在走廊的另一头,他们认定了一个事实——他们的工作量负荷过重。当然,他们的工作量并未太重。然而，因为每件事情都是相对的，相较于之前他们无所事事的状态，稍微做些事情就会使他们感到工作过重。他们现在给我取了各种外号："混日子的安肯""推卸工作的安肯"……他们个个同病相怜，突然之间我仿佛成了一个集权、独裁的暴君。

虽然他们可能觉得自己工作过量，但实情究竟如何？他们把挫折转换成工作过量的不满情绪。但什么事情才会真正让人完蛋？工作过量还是挫折？工作过量从来不会要你的命，挫折才会真正要人命。你绝不可能用工作过量来害死一个人。如果你要害人，最快的方法就是捉走他们的猴子，把猴子统统锁在你的保险箱里，并且千万不要给他们这些猴子的任何音讯。只要3个月，他们就会因为得不到反馈而有挫败感，挫折就会真正闹出人命。

现在是上午11点半，我办公室外面的椅子空荡荡的。虽然我们必须忍受许多抱怨与牢骚，但我们正迈向更健康的心理状态。这是很正常的，也是可预期的。

任务转移

"背上的猴子"这个比喻,重点在于将任务从管理者背上转移到下属的背上,并让它们乖乖待在那里。但在管理者帮下属找到任务之前,他们应该先明白,任务在下属身上。一旦管理者扛起任务,下属就没有任务在身,而管理者也就只能和自己的可支配时间道别。这时,所有的时间都会转换成下属占用的时间。

管理者与下属不可能同时有效地执行同一件任务。"领导,我们有问题。"下属暗示这个责任已经存在,并用我们之前所描述的方法,提出让猴子脚踩两个人的背部,这是对猴子最糟糕的处理方法。

如果"我们有问题"就是下属占用的时间与可支配时间的主要差异,那么,获得你需要的一点点可支配时间,应该是一件相当容易的事情。**你应该做的事情就是让猴子留在它应该停留的地方——下属的背上。**

MONKEY BUSINESS

第 8 章

快乐无比的猴子

第 8 章 快乐无比的猴子

第 1 章提到的安肯自由量表说明了相对于老板与组织，下属可运用的 5 个自由层级。为方便起见，这里需要再次出现这个表（见表 8-1）。

表 8-1 安肯自由量表

自由层级	授权范围
第 5 级	独立行动，例行性报告（最高层级）。
第 4 级	行动，但需立即请示（意味着报告频率超过例行程度）。
第 3 级	提出建议，按照裁断的结果行动。
第 2 级	请示要做什么。
第 1 级	等待指示（最低层级）。

管理者的目标

显然，任何人都要做到足够专业，才不会执行第 1 级与第 2 级的任务，也没有管理者会喜欢只能执行这两个层级任务的下属。运用第 1 级的人根本掌控不了工作进度与内容，因此也没有权利抱怨人家叫他们做什么或何时叫他们做事。至于实施第 2 级的人，尽管他们可以稍微掌握进度，却一点儿也无法掌握内容。运用第 3、4、5 级的人可以掌控进度与内容，其中最有控制权的是运用第 5 级的人。

如果我们请教已故的马斯洛博士——他是提出人性需求层级理论的著名企业管理顾问，安肯自由量表中哪一个层级最可能达成自我实现的境界，我确信他会告诉我们："越往上越有可能。"

然而，15 年来我的下属都执行着第 1 级与第 2 级的任务，这与他们的自我实现以及公司利益背道而驰。是什么导致了这种情况？因为我鼓励这种行为，正如斯金纳曾经说的，"任何你所鼓励的行为，都会受到强化。"

第8章 快乐无比的猴子

在组织中，我们需要的是能够独当一面，而非事事依赖上司的员工。员工应该能够自动自发地找事情做，采取必要的行动完成任务。"行动"一词只出现在自由层级第3级以上。

身为管理者，肩负着两大目标：

（1）借由直接报告，禁止采用第1级与第2级，让下属毫无选择机会，这样才能培养出他们拟定与推销想法和建议的技巧。

（2）保证每只猴子都在下属的背上，当下属离开办公室时，管理者与下属双方对于自由程度与下次会面的时间、地点要达成共识。后者尤其要牢记约定时间，以确定猴子不至于饿死。

那么，专业管理者如何在不影响整体组织的情况下，禁止下属从事第1级与第2级的任务？

禁止采用第 1 级

你要如何让员工改掉"等你指示他们做些什么"的习惯?

首要工具便是"工作内容报告"。当然,许多人对工作内容报告很反感,因为他们过去对此有过不愉快的经历。不过,就连刮胡刀也曾让很多人感到兴味索然,因为人类与刮胡刀之间也有过不愉快的经历。

工作内容报告的真正目的在于明确每个人的职责和必须完成的任务。工作内容报告一般只会列举一些空泛且普通的任务、责任、角色与功能。如果管理者对这些内容不采取任何行动,便是超出了他们的权限,因为他们没有权利忽视报告中的内容。决定什么都不做就跟决定做什么一样重要。如果他们没有权利什么都不做,那么他们别无选择,必须做事。

例如,迈克是我的下属,我们看了一遍他的工作内容报告,以确定这些是他目前该进行的工作。我询问他在第一项工作中做了什么,他必须作出答复。关于第二项工作的情况如何,他也应答复我。到第三项工作时,我问:"你进展的成果如何,迈克?"

他说:"我已经在那上面花了很多时间。"

我说:"我相信,迈克。不过,你是否可以在工作内容报告中做一些记录,好让我知道最近的状况?千万不要误会我的意思,迈克。我不是要考核你的绩效,我只是要搞清楚状况罢了!"

你知道有多少管理者在绩效还未产生之前,就想对团队成员进行考核吗?除非老板可以看到实打实的成果,否则根本没有绩效产生。

禁止采用第 2 级

你曾经帮助下属改掉过"请示你该做什么"的习惯吗?

如果下属请示你,在他们的职责范围内,就逻辑推论来看,他们目前正无所事事。在应该做事时却无事可做,就定义而言,便是所谓的"不服从"。我们一再希望员工能自动自发地找事情做,采取必要的行动完成任务。正如我之前所说的,"行动"一词只出现在自由层级第3级以上。

为了减少对立情况,我建议对于列在工作内容上的每一项任务,你都要告知下属他在执行过程中拥有哪种层级的自由。每一项工作任务都要标示层级数字编号3、4、5。那么根据什么来决定自由层级?你对此项议题的在乎程度,也就是忧心程度,以及你对下属能成功完成任务的信心水准,就是决定自由层级的依据。

当下属的工作内容除了3、4、5等几个数字而别无附注时,其中一人又会跑来找你说:"领导,你希望我做什么?"你可以笑着说:"这是有关你的工作内容中,你想问我的问题吗?""是啊,"你的下属这么回答着,"想想看吧,这是我的第9项工作内容。"于是你要求他们下次再来找你时,至少要想出一个可行的建议方案,这个方案还需要将你的接受习惯也考虑在内。

经常有人问我:"安肯,你如何让员工自动自发地找事情做?"我回答道:"除去他们其他的替代方案。"

协助的真正含义

如果你期待员工在一个互补的团队中,能够独当一面,那么千万不要帮他们做他们分内的事。当下属前来向你寻求协助时,通常他们要的不是协助,他希望的是"扳机"上印有你的指纹。任何一位射击教练都会告诉你,如果你要培养出一位神枪手,你必须尽可能地协助他,但是你的手千万要远离他的"扳机"。如果你帮他"扣扳机",那么,谁的打靶技术会日益精进——是你,还是他?进步的人当然是你。而人家花钱,究竟想改进谁的打靶技术?当然是他自己。所以,尽可能地协助团队成员,但你的手一定要远离他们的"扳机"。他们将来最终会明白协助的真正含义。接着,当他们遇到问题时,才会明了他们可以将时间有效地用在找出对策上,而非将宝贵时间浪费在你的办公室里面,试图与一个没有太多可支配时间的人共商对策。

自由层级第 4 级与第 5 级是争取来的特权,它们不是与生俱来的天然权利。这种特权来自你能向上司成功地推销自己的想法和建议而慢慢累积的名声。这种名声也只有在第 3 级中才能培养出来。

假设你的下属正处于自由层级的第 3 级。当他的工作出现问题时,他跑来找你说:"领导,现在有问题。要处理这些问题,有 3 个可能的对策。"接着他向你描述对策 1、2、3。他告诉你:"这是第 1 个对策的利弊,这是第 2 个对策的利弊,这是第 3 个对策的利弊。如果我采取第 3 个对策,我相信,你对这个方案的接受度最高。"他到底想做什么?他正尝试着让你接受他的提议,对吧?他要你支持他所提出的建议。他扮演着怎样的角色?推销员吗?我们希望他的产品很棒,但光有很棒的建议方案仍然不足(只是做对了还不够),这样的建议只有得到更高层的接受与支持才行。除非管理高层支持你,否则你无法完成任何事情。

除非有人购买,否则这世上的产品或服务有何价值?一文不值。在自由经济中,市场的功能便是决定产品的价值。因此,产品本身不具有任何内在价值,同样,管理理念也未必具有内在价值。所以当管理者对我说:"安肯,我有一堆很棒的点子,不过,你觉得坐在办公室前排的那些'笨蛋',能一眼看出那是个好点子吗?当然没办法。他们只是退缩、目光如豆,困在传统的想法中。"我想请教你,这位管理者的点子又有什么价值呢?没有。"让顾客当盛宴的裁判,而不是厨师自己作决定。"如果这位管理者能成功地把点子推销给我,那么,他就会针对我们的谈话采取行动,并针对情势运用最好的推销技巧。

协助下属完成工作

炉火纯青的推销技巧潜藏在"协助下属完成工作"的概念中,即不要在工作过程中让上司进行干预,除非下属已经完成得差不多了,关键的决定时刻已经到来。

当然,最理想的状况是,所有的工作都可以形诸文字,好让上司只通过看报告即可表示同意与否,但我们并未将情绪因素列入考虑之中。协助下属完成工作应该包括足够的对话,这样管理者也会感觉安心。现在,管理者对下属的能力、人品已有十足的信心,并且尊重他的特质以及他提出的很棒的建议。明确了这些以后,下属才能获得行动许可。

我父亲在家里便对我们实施这套训练原则。还记得高中时我曾遇到一些关于三角函数的数学问题。我向母亲讨救兵,她曾在暑期课程中教授代数,应该能给予我想要的帮助。我跑去问母亲说:"妈妈,你会怎么解这道数学题?"她说:"我做给你看。"于是她就帮我解决了这个问题。我又接着说:"那么,那道题目要怎么解?"她说:"我做给你看。"结果,她一共解了10道数学题目。我拿着她的"解题示范",自己再照抄一遍,拿回学校交差,得了100分。我回到家对父亲说:"爸爸,我的作业得了100分。"他说:"不是你,是你妈妈拿了100分。"当时,我并不了解他话中的含义,因为我认为,自己是在母亲的协助下拿了100分。终于有一天,母亲受不了我每天的这种苦苦哀求,她说:"你父亲教了4年的高阶数学。这类问题他知道得比我多。去找他帮你吧！"

当我找父亲帮忙时，他对我说："安肯，我很愿意帮你，但我已经忘了答题技巧。不过，我知道如何问问题，我只会问，不会答，所以，你应该补足我的这个缺陷。我们的分工方式是我问、你答。现在，你先说说，我可以帮你什么忙？"

我说："你要怎么解这道题目？"
父亲回答我："等一下，我负责问问题。你若认真解这道题目，多久可以完成？"
我回答说："嗯，半个小时好吗？"
父亲说："可以。"

过了半小时，我又回头找父亲，给他看我解出来的答案。父亲想了一下："那样会无解。那样是错的。"

我说："哪里不对？"

他说："那部分要靠你自己去找。"

我又回来找父亲。父亲看着答案说："又错了。"我已经知道接下来会发生什么，所以没问他哪里做错了，因为他只会提出问题，我又得回答。如此来来回回大约9次，我把答案拿给父亲看。这次我做对了，但我总共花了一个半小时。下一题我又花了一个小时，到了半夜，10道题的作业，我才做好3道题。于是，我又跑去找母亲帮忙："妈妈，帮我解决这些数学题目。"

她说："我告诉过你，去找你爸爸。他知道得比我多。"

我说："我知道他厉害，可是我不想学那么多。"

同样的事情也发生在我的下属身上，这也是当我要让他们采用安肯自由量表3级及以上时，他们会如此紧张的原因。**管理者的目的在于培养下属自力更生的能力，而自力更生是每个人经过自制、耐性与坚持，才能获得的后天特质。**

MONKEY BUSINESS

第 9 章

喂养猴子的 6 大规则

第9章 喂养猴子的6大规则

一旦你将猴子交付给某个下属,就必须确定下属在处理猴子上享有多少的自由权限,以免让下属以为你对这些猴子深感兴趣。为了猴子的健康着想,你仍需进一步干预喂养猴子。正确的做法是划分清楚照顾猴子的责任,给予下属明确的行动自由。要确定这些行动不但足以让猴子存活下来,而且能让猴子茁壮成长。

据此,我将仔细描述具体的行动规则,我称之为"喂养猴子的6大规则"。对猴子而言,喂养时间可能只要几分钟,但是要喂养一只猩猩可能就要几个小时。无论是猴子还是猩猩,喂养的规则不分轩轾;但是,喂养猩猩需要更多次的对话,因为它们比较复杂。

> 规则1：确保你的猴子不会被活活饿死。
>
> 要么喂养它们，要么"杀掉"它们，千万不要让它们被活活饿死。
>
> 规则2：不要让猴子过量。
>
> 只要你找到需要喂养的猴子，你的下属就要找出时间喂养它们，但千万不要过量。

规则1　确保你的猴子不会被活活饿死

我可以用一个发生在我的朋友杰克身上的故事来描述前两项规则。

我认识杰克时，他正在芝加哥工作，担任一家拥有2 500名员工的公司的执行副总裁。他受聘于该公司，限期2年之内要将公司整顿好。换言之，他是一个裁员计划的实施者，一个"职业杀手"。

初识杰克时，他的任期已经过去了一半。他邀请我担任公司的顾问，每个月初的前三天到他的公司做些研究，写写报告，并月复一月地重复这些过程。

管理高层之间的矛盾

有一次，我到公司时，杰克已在大厅等我，他示意我到他的办公室去。关上房门之后，他语气迫切地向我提出一个问题，要我帮他解决。他说："安肯，我和鲍伯之间出现了严重的问题。"

鲍伯是公司的副总裁，负责研发部门，35岁，是个年轻有为的人，拥有麻省理工学院机械工程硕士学位，他在研发部门还有6名下属。

"打从我到这里来的第一年，鲍伯和我就不和。这对我造成相当大的困扰，尤其是鲍伯不是孤军奋战，他是个深具领袖魅力的人，其他的副总裁也都听从他的领导，而我只能对高层管理发挥影响力。我们必须解决这件事。我知道唯一的方法就是让鲍伯与我言归于好，如此一来，其他的副总裁也会跟着他听从我。"

"你希望我做什么?"我问他。

"我从你的日程知道,"杰克说,"你今天中午要跟鲍伯一起用餐。你可以在用餐时打听一下他心里到底在想些什么,然后再回来告诉我吗?"

我不是心理医生,而且我也不该接受这个任务,但我却答应了。

那天中午,鲍伯和我一起用餐时,我告诉他杰克所关心的问题。当我说完后,鲍伯沉默不语了好一阵子。他接着说:"杰克说得没错。我过去一直跟他合不来,至于未来,我看也没有任何理由要跟他合作。"

"天啊!"我说,"你倒是坦白得很大胆,究竟是怎么回事?"

鲍伯说:"安肯,杰克把什么事情都揽在自己身上。你知道杰克是个聪明绝顶的人。他的智商高达160,16岁拿到学士学位,18岁念完企业管理硕士,来到芝加

第9章 喂养猴子的6大规则

哥工作,从此在公司平步青云。他有一个聪明绝顶的脑袋,也是一个很有创意的人,然而他所做的事情让我和我的下属分心,让我们不知所措。"

鲍伯接着说:"他会每天提早半小时进办公室,钻进电子邮件信箱,把昨天所有的销售与运营报告消化掉。他的头脑犹如电脑,能很快地将数字记在脑海中。接着,他就在公司里找出一大群猩猩,他会在走廊上,一看到乔,就问乔何时有空,能否解决一下第三栋大楼的安全问题。然后又走进另一间办公室,看到亨利,对亨利说需要削减经常性费用。人事部门昨天才告诉他下个月有4名机械师要退休,所以应该可以用退休的办法来裁减支出,而不要把员工调来调去。如果亨利有时间,看看哪个方法最有效。"

听上去,杰克想出许多点子,他在公司内到处走动,把这个点子分配给甲,另一个点子又分配给乙。每个被分配到工作的人都说:"杰克,我正在进行。我正在进行,别担心,我会处理。"事情就是这样!

"那你的情况如何,鲍伯?"我说,"杰克也会把他的想法丢给你吗?"

"他当然会。我可是很认真地看待这些事情的,不过杰克应该不会相信。我每周会从杰克那里接过7项他随手扔过来的任务。每周五晚上,我一坐下来就把这7项任务加到电脑表单上——这张表单上一共有28个工作项目。每次到了周五要下班时,我就把这周从他手上接过来的7项任务加到这张表单的最上面,然后把最底下的7项任务删掉,以便让这张表单不会超过28个工作项目,因为28项任务是一个人所能负荷的最大工作量。"

"到了下周,我又从他手上接到7项新的任务,又把这7项放到表单的最上层,把最底下的7项任务删掉,以免这张表单超过28项任务。这表明,每过4周,整张表单就会更新一遍。所以当我想起一项要着手进行的工作时,我会从表单上原先排在最上面的工作开始找起,你猜发生了什么事?在我要开始动手之前,这件可恶的事情已经不在这个表单上了,而是在垃圾桶里面。

这就是事情的经过,这也是我跟杰克合不来的原因。"

我惊讶无语地瞪着鲍伯。最后,我终于开口:"你为什么不干脆拿一支铅笔,闭上眼睛,随便往这张表单上一指。随机点一点,选个工作项目,便开始进行这项工作。这样的话就不存在它不在表单上的情况了,你可以完成它,至少给杰克一点交代。"

"安肯,我很乐意这么做,"鲍伯说,"如果你把这张表单拿去给杰克,让他从头到尾看一遍,先删掉他已经遗忘的项目,接着再看一遍,把他不关心的项目全部删掉,你再将这张表单还给我,我会很乐意开始进行仅存的那3项工作。3/28大约等于1/10。这意味着我不必做一些随机选中的项目,否则恐怕十之八九只是白白浪费时间,我忙得没有时间找出这种概率。"

我说:"鲍伯,你把问题核心解释得很清楚。我迫不及待地想告诉杰克到底是怎么回事。"

启示与改变

中午过后,我回到杰克的办公室,他立刻问我:"你和鲍伯吃过午餐了吗?"

"是的。"
"他告诉你问题是什么了吗?"
"是的,他说了,清楚无比。"
"那问题是什么?"

"在你听到问题之前,你需要喝杯酒。"所以,我们走向角落的吧台。在杰克饮下两杯双份马丁尼之后,我想他的脑筋和心情都正好能接受事情的来龙去脉。

当我陈述完问题的关键,杰克的反应令我相当惊讶。他涨红了脸,深感罪恶地引用博比·伯恩斯(Bobby Burns)的名言:"愿上帝给予我们天赋,让我们能用别人的角度来看自己。"

"这样对待别人,"他说,"真是一种罪过。我一直

第9章 喂养猴子的6大规则

都不知道我做出这种事……真是太恐怖了！"

当时我开始不安，因为我在扮演着一个倾听别人说心里话的角色，而这部分正好不是我的工作职责。所以，为了摆脱这种不安的情绪，我绕到桌子另一端说："杰克，你要镇定一下。事情没有你想的那么糟糕。毕竟，你不是全世界最糟糕的业余管理者。全世界最不专业的管理者是强制性的猴子接受者，而你不是如此。你只是第二糟糕的业余管理者，是个多产的猴子分配者。你每天会丢出去1 000只猴子。"我一时之间忘了杰克对猴子的概念还一无所知。

"安肯，我可能喝了几杯马丁尼，但这也不能解释为什么我完全听不懂你所说的话。"

"我很抱歉"，我说。于是我简短地向他解释了"猴子"与"猩猩"等概念。

规则 2　不要让猴子过量

我建议杰克不妨继续做他现在所做的事情。成千上万的管理者学不会如何分派猴子，至少他擅长这项技术。所以，这一点他可以继续下去。不过，我建议他多做一些事情。因为他的问题在于他并不了解，除非能定期喂养猴子，否则猴子会饿死。他会向我抱怨，就是因为无人喂养猴子造成了尸横遍野的臭气。

杰克可以一如既往地继续分派猴子，但如果他和某人结束对话时，对方最后说的是"我会进行，杰克"，杰克需要立即追问："你何时可以到我的办公室，在5分钟之内告诉我事情进行得怎么样了？"

我对杰克说："当两人决定好时间后，请在你的日程上写下周四下午2点开始，花5分钟喂养约翰·史密斯的第9只猴子。杰克，你现在有了一份库存了。每只猴子都有它的库存编号，包括背上扛着这只猴子的饲养人的名字和序列号。接着，每只猴子各就各位，你不会遗失任何一只猴子。因为有人喂养，每只猴子都有约定

第 9 章 喂养猴子的 6 大规则

的喂养时间,所以它们也不会被饿死。杰克,你看事情就是这样。喂养一只猴子的时间大约是 5 分钟,一个小时你可以喂养 12 只,一天内你就可以喂养 96 只猴子。没有猴子会死掉,也不会产生臭味。"

"这样是行不通的。"杰克说。
"为什么?"
"因为我每天丢给下属 100 万只猴子,我也没有时间听他们讲废话。"

哎,我真是垂头丧气,我输给他了。我们两人沉默地走出去。我搭了计程车直奔机场回家,同情我自己身为管理顾问的命运——必须对牛弹琴,而这只"牛"因不知建议的价值,将它们践踏在脚下。不仅如此,这只"牛"还会浪费钱,买一些根本不会用的他觉得更有价值的"珍珠"。

改革终于展开

不过,一个月之后,我回去了。这次我跟另一个副总裁吃午餐,他并不知道我在上个月与杰克和鲍伯谈过话。

吃饭时他告诉我:"安肯,就在你上个月回去后不久,发生了一件很奇怪的事情。杰克召开了一次副总裁全体特别会议,他说在上任一年后召开这次会议,是因为他现在注意到,身为公司的执行副总裁,他一直试图做一些动物园园长从来没想过的事情。"

杰克说:"我们已经有这么多猴子,多到连自己都不知道确切数目,不知道它们在哪里,不知道要帮它们订购多少饲料。我们有一个猴群遍布的动物园,因为没有定期喂养,许多猴子已经濒临死亡,到处都是难闻的味道。要知道,一些动物园之所以没有臭味,是因为有人管理。所以,我们应该要学习动物园的做法,我们要为自己手上所有的猴子找个库房。接着,我们要决定哪些猴子值得被喂养,如此,我们才能好好照顾这些留下来的猴子。"

第9章 喂养猴子的6大规则

我的这位朋友接着对我说:"当杰克说到这里时,大家面面相觑。我们常常祈祷希望他'死掉',当我们听到杰克的这一席话,才了解到上帝以最奇特的方式回应祈祷者。发疯抓狂也是另一种可行的'死亡'方式,所以我们心想,我们就坐在那里,让这个家伙自取灭亡吧。"

"接着,杰克对我们解释他所谓的'猴子'是什么意思,他继续说,我们首先要做的是把猴子存放起来。接下来,他表示,因为我们有太多猴子要喂养,我们可能要'杀掉'一些猴子,直到猴子的数量削减到我们可以负荷的程度。他希望我们每个人给他一张清单,列举出所有我们记得的他所交代的事情。然后再一一去找他,一起看一遍清单,决定要'杀掉'哪些猴子。之后,我们再为剩下来的猴子制订喂养的时间表。"

喂养它们,将其余猴子"杀掉"

我的朋友说,当他走进杰克的办公室时,他的清单足足有3页,他们共同围绕着清单讨论了一遍。我的朋友说这个过程很有趣,因为杰克知道每一只猴子的存在,就代表着他本人必须找出 5 分钟来进行喂养。杰克要花上 5 分钟,听下属对"事情进行得怎么样了"这种问题作出回答。杰克每周只有 40～50 个小时,这将会限制他的动物园里可以负荷的喂养猴子的数量。

他们在一些猴子前面写下"S"(Shoot),表示这些猴子该"杀掉";相反地,有些猴子的前面则标示着"F"(Feed),代表这些猴子要留下来喂养。

"当我们逐一讨论这张清单时,杰克说,我们要'杀掉'那只,那只要喂养。那只'杀掉',那只要喂养,这只标 F。哦,天啊,这只猴子还活着吗?可以'杀掉'它吧。我们把这一只'杀掉'吧。那只留下来喂养。那只'杀掉'。"

"有时候,对于决定要'杀掉'某只猴子,我们觉得很痛苦,但是我们知道,有些猴子无关乎股东、顾客或员工及其家人的利益。如果一只猴子和上述 4 种利益都没关系,那么,它不过是一只宠物罢了。"

"嗯，"我的这位副总裁朋友说，"几乎四分之三的猴子已经'身亡'。对于前面标着记号的猴子，杰克觉得太好了，并问我何时可以到他办公室，在 5 分钟之内，告诉他这些猴子的情况？"

"当然，"我的朋友说，"在这些幸免于难的猴子当中，有些猴子我根本不喜欢，我讨厌它们，而且不想理会它们。很自然地，我把那些猴子的喂养日期订得很远。我对杰克表示 30 天以后再向他报告这只猴子的情况，但如果杰克很迫切想知道那只猴子的情况，他便不会同意，并约我明天早上 8 点讨论喂养日期。"

优先次序

"当我的上司这么说时，"我的朋友继续说，"就已经改变了我排列好的优先次序。我们过去会坐在他的办公室里面排列好优先次序：这一项先来，再来是这一项，然后是那件事，且这种方式打从我们开始运用这套制度时便不曾改变过。这是一种很模糊的方法，一旦我们开始做某件事，就可能会有另一件事穿插进来，让人无法确定哪一件事优先,因为每件事情都十万火急,使得这里一团混乱。但是当老板说'我明天早上 8 点钟要听到答案'时,就没有模糊地带。这句话告诉我,我那天会有优先要做好的工作。"

"轻重缓急的次序再也不会模糊不清,因为我们明白杰克渴望听到答案。对于他感到很紧张的事情,他希望能立刻听到;至于他不紧张的事情,就不是他想立刻听到的事。这样可以澄清许多事情!"

但我对于猴群数目遭到大刀阔斧的"砍杀"深感好奇,所以,我请教我的朋友:"这是相当残酷的行动吧。你会不幸'错杀'猴子吗?"

"哦,"他说,"可能有吧,不过并无大碍。"
"没关系吗?"
"当然没关系。如果你在上午 10 点'错杀'了猴子,当天下班时,就会有另外 4 只猴子等着你。所以你如果一定要在'多杀'或'少杀'之间犯错,永远选择'多杀'几只!"

"为什么?"我不解。

"为那些活着的猴子着想!"他带着意味深长的微笑回答我的问题。

现在,我们又要重述照顾与喂养猴子的前两项规则:

> 规则1:确保你的猴子不会被活活饿死。
> 要么喂养它们,要么"杀掉"它们,千万不要让它们被活活饿死。
>
> 规则2:不要让猴子过量。
> 只要你找到需要喂养的猴子,你的下属就要找出时间喂养它们,但千万不要过量。

我们生来便知道这些规则。就像前面说的,你的下属会尊重你所要检查的部分,而非你期待的部分。下属在一天内并没有太多时间尊重管理者期待的每一件事,所以下属必须自行分配优先的次序。他们怎样做到这一点?他们的做法跟你一样。如果周一一早,你的桌上摆着两排猴子，一排已经有特定的行动日期，另一排则没有日期，这时，哪一排猴子会先获得你的注意力？当然是有日期的这一排。如果你的下属要将一些事情往后延，延后的事情也是没有行动日期的事情。

所以，你应该帮帮自己和下属的忙。下一次你给他们其他猴子时，先约定好两人开会讨论"事情进行得怎么样了"的时间，这个日期不一定是任务或项目完成的日期。在项目完成前，你们可能要多次会面，你们对猴子的迫切程度决定了执行任务与项目期间彼此会面的次数。管理者会把时间用在他们比较迫切的事情上面，如果会面次数多，下属就会更重视。你感到迫切的事情，你的下属也会感到迫切。

双方可利用喂养猴子的时间，来沟通彼此的迫切程度与优先次序。如果你迫切的程度日渐升高（无论理由为何），那么就增加喂养的频率，缩短喂养时间的间隔，如此一来，你的要求将贯彻下去。

另一方面，如果你每周无法找到 5 分钟，或每个月无法挪出 5 分钟去喂养某只猴子，你的下属会得出一个结论，即他们若必须拖延某件事情，最安全的做法就是拖延你长时间没有过问的那只，他们觉得那是你最不感兴趣的。当你无暇喂养猴子，你的下属就不会安排时间处理这些猴子。

> 规则 3：喂养猴子的责任必须落在下属身上。
>
> 按照喂养进度表上的时间和地点喂养猴子是下属的责任，管理者不必再沿途追逐即将饿死的猴子，胡乱喂养。

规则 3 喂养猴子的责任必须落在下属身上

传统的管理训练常常灌输给我们，管理者的职责之一便是要后续追踪、后续追踪、后续追踪。这时你的脑海中浮现出什么画面？追踪者与被追踪者，没错吧！上司是追踪者，下属成了被追踪者。这不是后续追踪，这是骚扰，而且后果十分严重。

业余管理者的做法

在此情况下，我扮演业余管理者的角色。我在8点上班，到了早上10点，大致已完成例行的工作，处理好一些危机事件。每次一到10点，我总是会突发奇想，觉得我的下属可能又要把猴子丢到我身上。于是我站起身来，四处走动，看看能否发现他们今天究竟用哪个特别的招式来对付我。正当我四处巡视时，我想起富兰克林的祖父曾经说过："如果你自找麻烦，那就是罪有应得。"

确定了这一点之后，我沿着走廊走过去，看到了艾德。他是负责货运收发的作业管理者。半年前他从临时工升任到这个职位，他试着用过去所积累的知识来做好这份工作。他要对主任负责，主任则向督导负责，督导依序向我负责。艾德与我之间的职务层级隔了好几层。正当艾德走进货运收发部时，我走过货柜，看到了一个箱子。现在是周四早上10点半。这个箱子从上周五起便摆在那里。

我立刻去找艾德。毕竟他是货运收发部的管理者，对吧？他正好在那里，也有空。我跑到他面前说："艾德！虽然在各司其职的情况下，我鼓励大家工作要有创意，但把箱子摆在货柜那边应该不是一个创意吧？我们为什么不把东西送出去呢？"

"周一早上我走过货柜时，看到那里有一个箱子，我知道这个箱子要送交给一个重要的客户，我心想，很好！产品一下生产线，我的团队成员便立刻将东西打包好放在货柜上。这一点让我颇感骄傲。不过那天下午，东西依然闲置在那里。我开始纳闷，为何这个箱子还没被运走。接着，到了周二、周三时，我又看到了它！我突然觉得头痛、胸口疼痛、胃溃疡发作与神经性紧张。现在已经是周四了，它依旧放在那里。"

"艾德，你或许不知道，公司花钱雇用你，是要让顾客取得货物，这样我们才能开发票给他们，然后他们才会付款，对吧！所以我们赶紧将这个箱子送出去！"

当身为工厂管理者的我,碰到一只垂死的猴子时,便一手抓住这只小东西,强迫灌食,帮它按摩,照顾它直到其恢复生机与体力,并把它交还给艾德。上述这幕情景随着我继续寻找下一只濒临饿死的猴子,才终于暂告一个段落。

新的一周开始,周一,我在会计部门遇到亚特,我对他说:"亚特,你是这里的元老,你和我一起协助老板白手起家成立了公司。你知道我不会到处找碴儿。可是亚特,你看看,那叠发票已经摆了60天了。我知道你的部门政策是30天之内将发票送出去,所以不要再找借口。我只想看看对于总裁在年终致辞时强调的尽忠职守,你究竟发挥了多少。"

怎么回事?我发现了另一只垂死的猴子!我一手抓住这只小东西,强迫灌食,帮它按摩,照顾它直到其恢复生机与体力,并把它交还给亚特,又急着去找下一只濒临饿死的猴子。

日复一日做着同一件事的管理者究竟怎么称呼他们

自己的工作？他们称之为"监督、盯进度与后续追踪"。但是，后续追踪的做法绝不是如此，这么做无异于精神病院的管理员把病人弄得比刚入院时还要疯狂。

不过，最糟糕的状况还在后头。那天晚上，我这个工厂管理者等到大家下班离开后才回家（他们常常无事可做，而我却经常无时间可用）。回到家，在丰盛的牛排大餐、四罐啤酒下肚，看完两集电视剧之后，我筋疲力尽地瘫在床上。可是却无法入睡，整晚辗转难眠，反复想着当天我丢给下属的猴子。在没有库存记录的情况下，我甚至对他们没有几成把握，我很担心今天丢出去的猴子的境况。因此，隔天一到办公室，我便花了两倍的时间检查了一遍昨天丢给下属的猴子有没有遗漏，再确定几只今天必须喂养的猴子。

到了周三，我花了三倍时间，走遍整座工厂，把我在周一应该抓到的猴子找出来，加上周二遗漏的猴子和周三必须喂养的猴子。这好比唱着不断升高音调的歌曲，我要不断使劲飙到最高音，到了这个月的 24 日（通常都是这一天），我请了病假。这是我每个月中固定会发作的精神崩溃时刻。我已经崩溃了。我整周都在马不停蹄地工作。这些定期会发生的状况显然是下属早有预谋的计划。他们在墙上的日程簿上,把 24 日圈了起来——就选这一天让上司发疯吧。在我养病的这段时间,他们觉得自己不会被我的过多干涉耽误时间。我再重申这条规则:

> 规则 3:喂养猴子的责任必须落在下属身上。
>
> 按照喂养进度表上的时间和地点喂养猴子是下属的责任,管理者不必再沿途追逐即将饿死的猴子,胡乱喂养。

这个规则的意思是,如果有人要为了喂养猴子到处奔波而踏破铁鞋,那么这个人应该是下属。这意味着即便有快要饿死的猴子,也应该由下属带着猴子到管理者的办公室去喂养。管理者不应该自己去寻找濒临饿死的猴子,这样做会让下属神经紧绷,在此情况下,下属通常无法全力以赴。

第9章 喂养猴子的6大规则

如果你身为管理者，上班时间当然应该到工厂各处巡视。为什么？因为你要对所有事情的进度负责，无论你是否亲自待在现场，无论是半夜3点躺在床上睡觉，还是上班时间待在工作岗位上，作为管理者都要负起所有责任。因为职责所在，你必须明了，做到认真尽责的唯一诀窍就是实施"到处走动"的管理方式。

你必须四处巡视，如果你认为自己现在无法立刻身体力行做到这一点，我会告诉你如何实施这个办法。我会示范一下这种技巧，但这次示范的是专业管理者的做法。

专业管理者的做法

我一到办公室，会先看看自己当天的会议日程，以及今天是否准备好要喂养6只猴子，其中，在部门会议时喂养4只猴子。因为经验告诉我，下属中总会有三四只长相相似的猴子，彼此窃窃私语，这几只猴子可以在部门会议中喂养。但偶尔也会有一两只长相与众不同的猴子混在里面，如果你要在部门会议中喂养这种猴子，将会浪费大家许多宝贵的时间。所以，这一两只猴子要私下寻找合适的喂养时间，于是，我的日程上便写着诸如"3点喂养凯斯的第2只猴子，3点半喂养山姆的第7只猴子"这样的话。

我将时间表记在脑海中，开始处理公文包里的文件，到了10点左右即处理完毕。我沿着走廊走过去，但身为一位专业管理者，我的目的已与之前大不相同。我不会到处在办公室搜寻与喂养猴子。所有的猴子都被放在喂养的时间表上。我知道，它们都已有人负责喂养，所以，我可以很自由地做任何想做的事情。

一如往常，我遇到了艾德，他是货运收发部的管理者。我的职位高他3级。我跟以前一样，越过他的身影，看到了那个箱子仍摆着那里。我当然对此很生气，不过我没告诉艾德这件事情。我向他道了"早安"，从外套口袋中找出喂养猴子的时间表。我看到时间表上预定了检查货运收发部程序的会议。

这只猴子现在在货运收发部督导的背上（当然还包

括其他工作），而向我汇报的人正是他。我把猴子放到他的背上。我手下有5个要向我汇报的督导，他们的背部就是我放置猴子的地方。我不需要将猴子放在艾德这种层级的员工背上。

请注意：组织实务上的基本原则便是，专业管理者不该在未告知直属下属之前，便绕过直属下属直接对其下属宣布指示，除了生死攸关的情况。这项原则一旦遭到破坏，便会导致所谓的越级监督，混淆了任务的优先次序，让接到指示的下属费力不讨好。

我并未对艾德多说什么，而是直接打电话给必须对这只猴子负责的督导罗杰。电话铃声响起时，他正坐在办公室，想着他自己的事情。我说："早啊，罗杰。关于你编号第9号'货运收发部程序'的猴子，我们下次喂养的时间是什么时候？"我当然知道答案，我只是在考考他。

他拿起自己的小记事簿说："是的，安肯。根据我的日程表，我们两周后要喂养这只猴子。"

"罗杰,我要告诉你一个消息。我们改成明天早上8点半喂养这只猴子。"

几秒钟之内,罗杰奇迹般地出现在货运收发部。同时我安静地走出货运收发部,走回我的办公室。我很乐意让事情顺其自然地发展下去。我知道即将发生什么。罗杰冲进货运收发部问艾德说:"安肯来过这里吗?"

"是的,他刚才来过。"
"啊!他看到什么?"
"我不知道。"
"嗯,"罗杰说,"看来问题越来越严重了。"

罗杰逮住了艾德的上司,三个人开始商量。罗杰说:"我有个问题。明天早上8点半,我就要回答安肯的提问。如果是单个猴子的问题,我会有5分钟的时间,但是如果碰到猴群,我会有半小时。安肯不是历史学家,他对今天所发生的事情根本不感兴趣,因为到了明天,这些都成为历史。他将要在明天早上8点半知道事情的进度,因此,我们要把这里整顿一下,等明天他问我事情的进展时，我就可以立刻回答。他究竟看到了什么？"

他们环顾四周，首先映入眼帘的便是那个箱子。不过宛如奇迹一般，像是一瞬间，箱子已经被放在卡车上出了大门，整个过程只花了3分钟。周一他们没将箱子运走，是因为卡车送厂检修传动器；周二没有运走，是因为卡车被撞到，进了修车厂；周三他们也没将箱子运走，则是因为另有急件，而且找不到卡车。到了势在必行时，一旦员工下定决心完成任务，他们便会产生不可思议的能力完成不可能的任务。没有人知道究竟是怎么回事，这是他们的秘密。

接着，他们将整个货运收发部检查了一遍，把货运收发部弄得天翻地覆，因为他们实在不知道我究竟还看到了哪些东西。他们希望货运收发部的状况良好，这样才能在明天早上8点半给我一个满意的最新报告。他们熬夜工作，努力将现状与汇报给我的最新状况拉近，尽量弥补这中间的落差，而他们这么做都是因为我的例行巡视。

就在隔天早上8点半，罗杰双眼蒙眬地走进我的办公室，我则是好整以暇。我睡足了9个小时，因为我知道今天会有何进展。"事情进行得怎么样了？"我问道。在他回答时，我拿起纸笔开始记下他向我报告的内容。因为我写字不快，我让他放慢语速，又重复说明了一些事情。他知道我为什么要把事情全部记下来。当我们讨论完毕，我又会去到货运收发部，把他所报告的内容当作我的检查清单。

当他汇报完毕时，我对他说："好，那我们过去看看。"当我们来到货运收发部门口，我很惊讶，几乎愣住了。这个地方全然改观。地板擦得很干净，箱子全部被运走了，输送台也整齐地摆放好了，看起来真是焕然一新。

你看出业余管理者与专业管理者处理事情的结果有什么不同了吗？当我是个半吊子时，我告诉艾德："快把那箱东西运走。"结果如何？箱子没被运走。但身为专业管理者，我做了什么？和整件事情相比，运走那个箱子只是小事一桩。因为他们不知道我究竟看

第9章 喂养猴子的6大规则

到了什么，于是他们就用三双眼睛把所能看到的每件事情都好好地处理了一遍，熬夜赶工。他们自动自发地完成了如此多的任务，我根本计算不出这种杠杆效果究竟有多大。另外，他们在完成任务的过程中，学会了要靠自己、准时等观念，学会了何谓管理的后续追踪。

你可能还记得第3条规则中说：按照喂养进度表上的时间和地点喂养猴子是下属的责任，管理者不必再沿途追逐即将饿死的猴子，胡乱喂养。听起来简单，不过假如你在猴子的喂养时间里遭到反抗该如何处理？你的下属凯斯应该在下午2点到你的办公室来喂养猴子，他却一直不见踪影。这下该怎么办？好，在这种情况下，我将继续扮演专业管理者的角色，我们来看看后续的发展。

凯斯下午2点应该出现在我的办公室。约定的时间到了，不过凯斯却没到。他可能只是忘了这个会议。每个人都可能发生这种事情。然而从管理上来看，凯斯的缺席是什么？"不服从"。只有他不知道这一点，因为他压根儿就忘了这回事。

现在已经 2 点 15 分,凯斯却还未出现,我火冒三丈!下一个步骤是他该做的,他要到我的办公室喂养猴子。他忘了这次会议,也因此迫使我采取下一步行动。无论发生什么事,现在是我要展开下一步:不理会这个问题,忘了它,直到他恢复记忆;打电话给他;要我的秘书打电话给他;等等。我要怎么做?

如果我是个业余管理者,我可能会去提醒凯斯这个会议,或是让秘书去提醒他。但记住:要准时在这里出现是他的职责,如果我提醒他,便是去替他完成职责。你不可能以扛下下属责任的方式来教导员工尽责。不过,我还是要鼓励他尽责,同时采取他迫使我去做的下一步行动。

所以,我要秘书苏打电话给我手下的每个人,让他们都到我的办公室来。他们集合在会议桌旁,屏息等待,迫切地想知道究竟是什么危机,让他们要牺牲宝贵的时间聚集在此。

正鸦雀无声时，我说："我把各位召集起来，是因为我们面临一个危机。15分钟前，在我约定喂养猴子的时间，出现了有人违抗不来的情况。这次，我可以忍受人为疏失，包括我自己与别人的疏失，但下不为例。我不会指名道姓，或是指着你们大骂，但这是一件严重的危机事件，即使只有一个人犯错，我也必须把你们召集起来。我之所以这么做，是希望你们不会有人再做出这种事情。重点就在这里。"

"我想解释一下你们的工作职责。我想之前我已经解释过，不过，我还要重申一遍——你们的职责是在喂养猴子时要准时出现。大家都听清楚了吗？"他们表示明白了，于是我便宣布："散会。"

大家鱼贯走出办公室，议论纷纷，猜测着谁是罪魁祸首。此时，凯斯这个"罪人"，故意落在队伍后面，因为他不想让人看出罪魁祸首就是他。在意识到他和我有后续事情要谈之后，他找了机会脱队。他迅速穿过走廊，到我的办公室，一脸歉意地说："安肯，我就是那样对你的人，我真的很抱歉，我保证下次绝对不会再犯。"

"凯斯,"我回答说,"振作一下。事情没那么糟糕,毕竟每个人都可能发生这种状况……但仅此一次。"

为何我如此铁石心肠?因为我们面对的是一桩生死攸关的大事,关乎猴子的生死。在公司里面,只有一个计划可以优先于此,那就是危及人身安全的计划。紧接着那个计划的,就是要照顾与喂养猴子。这方面我们一定要有严格的限制。因为到了年终,会计部人员会将年度营业收入统计出来,做出绩效考评,写下最后的盈余数字,这个数字就是猴子集体活动的总和。

如果在这一年中,猴子偶尔因疏于喂养而饿死,会计师或许永远找不到这只猴子。另一方面,如果习惯性允许重要的猴子因无人喂养(或延迟喂养)致死,绩效数字将无法达到预估的标准。大家都希望这种事情发生在竞争对手的企业里,因此,千万不要纵容这种事情发生在自家公司里面。

第9章 喂养猴子的6大规则

> 规则4：毫无进展不能作为重新安排喂养时间的借口。
>
> 如果有冲突发生，预定喂养猴子的时间可在任何一方的提议下做出更改，但不被视为延误；事情毫无进展不能作为重新安排喂养时间的借口。

当然，喂养猴子的时间常常需要重新安排，尤其是当喂养猴子的代价远超过它对公司的贡献时。例如，假设我今天下午2点要喂养凯斯的猴子，但在早上9点时，凯斯打了电话告诉我："安肯，我知道今天下午2点约好到你的办公室喂养猴子，但是我刚接到客户的电话，投诉我们生产的零件不符合预定的产品规格，我要带几个工程师与业务人员过去，看看能否解决这个问题。我们会在那里待上一整天，既然分身乏术，我建议我们更改一下喂养猴子的时间。"

我该让步吗？当然要让。我无法坚持一定要下属在预定的喂养时间赶回来。如果喂养时间表与公司目标抵触时，抑或凯斯遇到冰雹、暴风雪、洪水等天灾，那么，我必须另选其他的喂养时间。但千万不要片面地更改时间（这是无礼的、可能导致沟通不畅的做法）。更改时间一定要经双方同意才行。

规则 4　毫无进展不能作为重新安排喂养时间的借口

如果有很好的理由，更改喂养时间是被允许的；但假设凯斯早上 9 点打电话给我，提到下午 2 点的喂养猴子的时间："安肯，今天下午 2 点，我会到你的办公室，我那时候没有其他的行程安排。不过，我实在是太忙了。我一直无暇理会这只猴子，所以下午 2 点，我真是无可奉告。安肯，我很不愿意浪费你宝贵的时间，即便只有 5 分钟，我也无进度可报告。为你着想，我建议把喂养猴子的时间改到我有了足够进展的那天，这样开会也比较值得。"

你会对此要求有何回应？我会对他说："当然，我知道你人手不足，工作量很大，我可以理解你没有任何进展。这一点，你可以事先得到谅解。但是，为了让猴

第 9 章 喂养猴子的 6 大规则

子活下去,你一定要喂养它。2点准时到我这里来!"

凯斯相当惊讶。他说:"等一下,安肯,如果毫无进展,我要说些什么?没有事情,我能谈什么?"

"很简单。我们可分三部分来进行。第一,你可以解释,如果你有进度,现在会是什么状况。第二,你可以解释目前的状况,也就是毫无进展的情况。第三,你再用第一点减掉第二点,谈谈这个得出来的结果。这就是'无进度'的报告方式,而且我坚持要这样做,因为缺少进展和有进展对公司一样重要。"

做点事情,否则……

凯斯愣住了,他不知道自己被什么东西击中了。他之前从未做过无进度报告,当早晨一分一秒地过去,一想到要做这种无进度报告,他便觉得恶心想吐。他现在面临两种不愉快的行动方案:一是提出无进度报告,二是做点事情。哪个方案会让他觉得好过些?做点事情。当然要做点事情并不让人愉快,但比起一事无成和提出无进度报告，显然做点事情要好多了。

下午 2 点一到，凯斯出现在我的办公室，脸上洋溢着自豪的表情。他说："嗨，安肯！惊讶吧，我可是有备而来。"

总裁的猴子

请注意！公司总裁不可以重新安排喂养时间。每年，你的总裁会用金色项链把他的猴子牵到讲台上，这就是年度股东大会。一整天的大会里，股东会用不同的方式询问总裁："事情进行得怎么样了？"总裁便得解释过去这一年的进展。

你能想象如果在大会前 1 个月，总裁才知道公司根本毫无进展，于是寄发一封信给所有的股东说，因为进展问题，他打算将会议延缓至 6 个月以后再开吗？想必电话、信件与电报一定如潮水般蜂拥而至，说："总裁先生，无论你准备就绪与否，我们都要出席会议，我们要来喂养这只猴子。"

如果公司总裁没有权力随意更改喂养的会议时间，那么，身为管理者的你与他又有什么不同？任何渴望成为总裁的人，现在就应该习惯担任总裁时的各项职务要求，这样的话，等机会到来时，冲击才不至于过大。培养员工成为公司总裁的最佳时机，便是他们走进公司的那一天。

这些终将回归到一个基本的管理原则，即职责总是以时间为优先，而非准备就绪。这一点攸关管理工作的概念。计划案的完成时间遭到延误是一回事，但过程中，玩忽职守是另一回事。

我们经常会延误完成工作的日期，因此，这个日期经常一再更改。但是喂养时间不能只因为没有进展而更改。我在考核员工时，会依据喂养时间所听到的内容，考量是否由于未能洞察先机而于1年前定下了这个不切实际的完成日期。

毕竟，虽然他们完成计划案的时间拖延了2个月，但从喂养时间上来看，我知道是因为工作中遇到了未曾预料到的困难,如果不是他们在重重困难中表现得如此英勇,情势可能更加惨烈,所以,这一点值得列入考量。

> 规则 5:避免遭到误解。
> 无论何时,应尽可能面对面地喂养猴子,或者使用电话,绝对不要用信件。备忘录、电子邮件、传真和报告可以适用于喂养过程,但不能替代面对面的对话。

假设,你学会了前 4 项"喂养猴子的规则",你走在走廊上,不经意看到下属鲍伯正向你的方向走来。当他靠近你时,你知道他会来一个怎样的开场白。你迫不及待地想要看到,他听见你的回答时脸上那种惊讶的表情。

没错,他肯定会对你说:"嗨,领导!我们出了问题。"你接着回答说:"鲍伯,我们没有出任何问题,如果我必须提出看法,我们从来没出过问题。问题不是出在你身上,便是出在我身上,但绝对不是我们的问题。

所以第一件事，我们应该先弄清楚代名词，看看这是谁的问题。如果是你的问题，我很乐意协助你处理。但如果问题出在我身上，我希望你也会协助我。但它不是我们的问题。现在你告诉我，问题是什么？"

他现在明白问题是他的，至少这次是如此，但他是个经验丰富的员工，不会轻言放弃。他会用尽办法让你负责下一个步骤。所以，接下来半个小时中，他说着令人困惑的模糊的名词，向你解释整个问题，直到最后，你对问题的了解比他开口前还少。

你不知道问题属于谁，是你，还是他？你甚至不知道问题是什么，不知道下一个步骤是什么。半个小时过去了，你再也不能跟他耗下去，所以你对他说："鲍伯，我非常高兴你提出了那个看法。我们已经谈了半个钟头了，但还只是略知皮毛。我们必须对此作出决定。"

鲍伯非常同意。"我们曾经作出过决定吗？"，他说。

"我正要告诉你，"你回答说，"请你把刚才在这里所说的一切提出书面报告，包括你觉得其他相关的事宜。请以不超过一页的篇幅完成，并把它递交给我。"

规则 5　避免遭到误解

"好。"鲍伯说。他有点儿诧异，因为你从未如此要求过他。

于是你们两人分道扬镳，你笑容洋溢，对自己道贺说："鲍伯已经有了下一个步骤——写一份备忘录。"

那天下午，你走过鲍伯的办公室，探出头对他说："嗨，鲍伯，事情进行得怎么样了？"我可以告诉你，你们又回到先前的状态了。

鲍伯的下一步

隔天早上，你到了办公室。8点45分，跨部门信件把鲍伯的备忘录送进你的办公室。你顺着信件内容读下去，直到你看到他的签名。请问下一个步骤由谁发动？当然是你。毋庸置疑。即使下一个步骤只是简单思索、归档、不理会、把信件撕掉或丢掉，下一个步骤都是你在做。这意味着只要下属把备忘录交给你，自然就赋予你对该备忘录的一个角色——解决问题者。而鲍伯现在正处于监督者的角色。

当你看完备忘录 10 分钟后，鲍伯走过你的办公室，从门口探进头对你说："嗨，领导，你拿到我的备忘录了吗？"你明白吗？他正在扮演监督者。

"是的，我拿到了，"你回答，"感谢你可以向上司提出一份不错的报告。"

"你看了吗？"

"是的，我看了。"

"你打算怎么做？"他要求知道结果，而这个要求让猴子跳回了你的背上。

来自下属的猴子

哪里出了差错？你不该要求他写备忘录吗？当然不是。你要求他写备忘录的理由十分充足。文件、未来的参考资料有助于你恢复记忆。这个部分还好，但你不该说："递交给我一份备忘录。"你应该说："把记录拿来给我看。"

让我们把整个情境用另外的方式重演一遍，看看情况如何。

隔天早上，你到了办公室。鲍伯走进来把他的备忘录交给你。他转身要走，你对他说："嘿，鲍伯，等一下。回来，请坐。我绝不会单独看完这份记录。"

一份备忘录等于是一半的对话内容。猴子是双方谈话结束后的下一个步骤。当一个人写给你一份备忘录，底下还署了名，下一个步骤就成了你的，就这么简单。因此，如果他写了一份备忘录给你，请他坐下来，恢复对话，因为只要让他开口，就有机会让下一个步骤成为他的。因此,你对他说:"鲍伯,备忘录底下是你的签名吗?"

"是的。"
"这是你写的?"
"没错。"
"请你把备忘录念给我听。"
"念给你听?这是我写的!"

"这表示你是最有资格念这份记录的人,我希望由你来念。这样我可以随时插入6个常用语:什么,为什么,谁,如何,哪里和何时。"

对任何不想被欺骗的管理者而言,这6个词都是最佳的破解工具。我不是说鲍伯想欺骗我,他不是那种人。他是个精明的历史系学生,也是一个谨慎的人。但他明白,当你写备忘录给公司任何人时,就在记录从打印机印出来或通过电子邮件传送出去的那一刹那,它突然成为一份可被引用的文件。他有过许多悔不当初的经验,曾经毫无戒心地写过一些备忘录给上司或其他人,

4周之后，记录落到了一个不怀好意的人手上，于是爆发了行政冲突。所以，现在凡是写备忘录，他都会用一种不会被误解、被误用的方式来写。

你如何用一种不会遭到误解的方式来写一份内部报告？你可以借用多年来律师所专长的写作技巧来写。也就是说，只要你写一些别人看不懂的内容，就没有人会误解。所以，他开始使用这种模棱两可的技巧，他真正想说的话根本不会出现在那份记录里，它暗藏在字里行间。

因此，不要浪费你的时间来看他的备忘录，叫他念给你听。这样你可以找到他的弦外之音，而这也是你真正想知道的部分。当你们展开对话时，他便很愿意告诉你他真正的意思，因为不存在隔墙有耳的可能性，这个地方没装窃听器，这是面对面的对话，让一切事情都能摊开来讲。备忘录不过是谈话内容的引导大纲。

花15分钟和鲍伯谈话，将使你获得真正的沟通与了解，如果你想节省时间，只花5分钟读这份备忘录，那么你将无法达成真正的沟通与了解。

唯一让我认为有必要写在纸上的，就是重要文件的内容。**否则，不要用纸、电子邮件，它们无法传递或创造彼此之间的了解。对话是唯一能够增进彼此间了解的工具。**如果在达成了解后，你希望将对话的要点记录下来，那么，你可以要他写一份会议记录归档，这份记录应包含对话所达成的共识。

当鲍伯坐在你的办公室与你谈话时，你可以充分了解他的信息内涵。最后，你们两人都发现对话的效果已经开始递减，鲍伯便说："我应该回去做事了。"

"不，"你说，"我们的下一项工作，便是你我共同找出如何让你执行下一个步骤。"

"不过，我已经很累了，领导。我们要在30分钟之内把下一个步骤搞定。"

"这的确会对你造成困扰，不过我很乐意帮你。"

因为鲍伯希望在半小时内离开你的办公室,所以他将会展现出无比的创意、想象力、动力与热诚,试图找出解决方案,并希望你同意这些方案。看来,需求是创意与发明之母。

而这也让我们必须重申规则5:

> 规则5:避免遭到误解。
> 无论何时,应尽可能面对面地喂养猴子,或者使用电话,绝对不要用信件。备忘录、电子邮件、传真和报告可以适用于喂养过程,但不能替代面对面的对话。

你要迈出下一步

面对面的对话也会引发一个问题:如果对话结束后,下一个具体的步骤显然属于你时,你要如何往下进展?例如,在与下属对话时,假设你们两人都认定下一个步骤是"找财务副总裁处理细节问题",那么问题便成为,谁应该执行下一个步骤,你还是你的下属?

你知道鲍伯希望你和财务副总裁进行联系,鲍伯的借口是,财务副总裁位高权重,因程序与地位不同,自己不便直接与其联系。

对此情况的感受,他可能并没有错,但是鲍伯此时正在把下一个步骤安排给你——你应该去找财务副总裁谈。当你离开财务副总裁的办公室时,谁会在外面等你,问你"事情进行得怎么样了",当然是鲍伯,而这意味着,他再一次担任了监督者的角色,而你要担任解决问题者的角色。

所以,你对他说:"鲍伯,我很清楚公司的惯例以及财务副总裁职位的敏感性。我知道如果你单独找他谈,那会让财务副总裁警惕起来,或许他还会觉得有损他的尊严,不过你不能因此摆脱你的责任。无论如何,你都要去找他,但我会跟你一起去。我们进行的方式会让财务副总裁觉得你是跟着我走,这一点我们不会弄拧,好吗?"

"好的,领导!"鲍伯说。

你和鲍伯一同前去找财务副总裁谈，此时猴子在哪里？在鲍伯的背上！你走进财务副总裁的办公室时，猴子是在鲍伯的背上，当你离开时，猴子还是在鲍伯的背上。

以下的情况相当不合理，许多高层管理者只因为层级不同，就帮低层员工跑腿，还被下属追问："事情进行得怎么样了？""你不做的话，也要让别人去做。""快作出决定吧。"带着你的下属一起进行，这通常是一种很好的管理做法，这么做，猴子将不会乱蹿。

每只猴子都有归宿

每只猴子都有自己的归宿，这也是它们不会全部集结在公司组织底层的缘故。有些猴子属于你，其他的猴子属于你的上司，剩下的猴子属于你的下属。但当猴子走失或被丢掉时，它们没有回到主人背上的本能。猴子一旦迷途，它会冲动地往上蹿升。它只想跑到上面，而不是回到原来的位置。所以，猴子通常是往上蹿升，因为组织大多数呈垂直金字塔状，你会看到几百只猴子挤向所谓的企业总部中的小小空间里。这也是为什么大多数人认为企业总部是整个组织最大的瓶颈。为什么呢?因为猴子都挤在那里。有经验的人会告诉你:"千万不要呈报任何东西到总部去,除非你想对这些东西说'再见'。你会发现这些意见从此石沉大海。"而我想对经验丰富的人说:"不要将急需决策的事呈报给总部,因为一旦毫无回复,会对你造成伤害。"

> 规则6:展开即时对话。
> 超过好几页的备忘录、电子邮件、传真和报告应该在一页的摘要中写清楚,以便展开即时对话。

规则5建议你必须和下属展开对话,讨论他们所写的备忘录、电子邮件、传真和报告。

但如果明天,你到了办公室,看到的是一份厚达35页的长篇报告时呢?这是你的下属花了3个月的心血完成的。这份报告包括了条形图、饼状图、指数曲线图与交叉分析图表等附件与参考资料,简直就是一篇硕士论文。你们将要逐一对此报告展开对话吗？不可能吧！那么，你该如何进行下一步？

我的建议是把作者叫进来，把报告交还给他，要求他说："你什么时候把这份报告拟出一页的摘要给我？"

当他回来之后，他把这一页的摘要夹在那份 35 页的报告上。他不希望你忘了那份报告，他对此投入了许多心血。他把两份报告一并交出来。你留下一页的摘要，把长篇报告放到他的面前。你读了摘要的第一句话，完全不知所云，你说："鲍伯，我不了解第一句话。"

"老板，"鲍伯说，"35 页的报告不能一页道尽。第一句话是前 19 页报告的摘要，除非你先看过报告前面的 19 页，你才能看得懂摘要中的第一句。"

"好，鲍伯，你手上现在有这份报告。那么，把前 19 页念给我听。"

"别傻了，老板。我不必念这些报告给你听。我可以用比念给你听还少的时间,把内容告诉你。"

规则6　展开即时对话

所以,他告诉你报告的内容,你对他提出什么、为什么、谁、如何、哪里和何时等问题,你终于掌握了整份报告的中心主旨。

鲍伯把椅子拉到你的身旁,要你看报告上的图表,指出了存在异常的内容。30分钟之后,你对这份报告已经有透彻的了解,效果远超你独自一人坐在书房里尝试看懂这些不熟悉的东西。

当你们的对话结束时,你对他说:"鲍伯,我这次收获很大。"

鲍伯站起身来,好像要离开了。此时,你说:"等一下,鲍伯。你是否忘了什么东西?"

"我觉得没有。请问是什么东西?"

"你 35 页的报告。"

"那是你的,领导。上面有你的名字,这是要交给你的。"

"你说的或许没错,不过你没有理由把报告放在这里。麻烦你拿回去,而且你走出办公室后,顺便告诉我的秘书苏,这份报告在你这里,方便她在电脑档案上做记号,这样,她才会知道属于我的东西在其他地方。"

这份报告也会被归在鲍伯的档案中。如果放在我的档案里,我可能会忘了报告放在哪里。但既然由鲍伯保管,我永远都知道这份报告在哪里。如果这份报告放在我的柜子里,而我找不到,那就是"延迟"。如果报告放在他的柜子里,当我需要时,他却找不到,这就是"不服从"。最后,只要这份报告放在他的柜子里,那就可以相信,他会对其进行处理。

所以,长篇大论的报告一定要附上一份简短的摘要,以说明里面的内容。这份简短的摘要可以让你们展开即时对话,让你很快了解到报告内容。没有摘要的长篇报告必须在对话前阅读消化才会有意义。因为对话的目的是你们共同确定下一个具体步骤是什么,而不是一起阅读报告。这样在你们开展即时对话时才不致出现瓶颈。

企业应以活动为导向,没有因就没有果。没有活动,也不会有结果。光对结果有所承诺,其成就不会比新年愿望高出多少,而且还会留下不良的记录。

然而,有些人还心存奇怪的信念,以为只要对某件事情赋予深切的承诺,承诺自然会兑现。强调目标而忽略行动的人,根本就是无视因果关系的科学原则,他们认为目标等于原因,而结局就是结果。

对9个月以后的事情做承诺,期待届时会有成果是一回事;至于承诺要在今天展开下一个步骤,以增加达到成果的概率,那又是另外一回事。对目标有所承诺,不见得可以如期产生圆满的结果。只有针对欲达成的目标采取行动,才会有效达成期待的结果。

管理者要正确针对自己的目标提出承诺，且要包含未来预定完成的时间表。若未陈述下一个步骤，即目前为了达成目标的特定行动，管理者就可能会失败。陈述下一个步骤时应该以可量化的语句来表达，这样执行必要措施时的不确定度才会降低，才能达成目标。

MONKEY BUSINESS
后 记

从实干家变为真正的管理者

你或许已经看到很多不同的抓猴子方法。要抓住猴子是如此简单。你可以在不知不觉中就让猴子聚集成群，而到了下班时刻，桌子上已经爬满你从下属那里抓来的猴子。但此时你可能会对自己说："我还能有其他的选择吗？我负责管理，我监督员工，搜集猴子就是我的工作。"有时的确如此，但不是永远如此。

你已经见识到业余管理者对猴子的不当管理，也看到专业管理者是如何管理猴群的数量的。

请记住，猴子是双方谈话结束后的下一个步骤。猴子不是问题、项目、计划或机会，猴子只是解决问题、开展项目与计划或是投入机会的下一个行动方案、下一个措施。而对每只猴子而言，总有两个参与者介入，也就是解决问题者与监督者。

当你对下属说"让我想一下，再告诉你要怎么做"时，便已经产生了对猴子管理不当的现象。你所做的正是从下属身上接下责任，答应给对方进度报告。事实上，这样反而会让下属成为你的上司，而让自己成为下属。如果你从某人身上接下责任，答应给对方进度报告，这样就赋予了对方追踪进度的权利。而追踪是管理责任，并不属于下属。

所以，当你从下属身上接下责任时，会发生两件事。第一，你让下属来监督你；第二，你让他们不必做自己分内的工作。你可以稍微想一下第二点。你等着某人作决定，并将决定告诉你，给你所需的信息，以致事情无法有进展，那时，你将做何感想？你会觉得很挫败，对吧？没错，这就是下属的感受。

受挫气愤的下属不会成为有效率、有想法的员工。所以，你应该考虑到他们可能会有挫败感。你也应该对所有发生在你身上的事情感到忧心。你将会成为头号瓶颈。如果你对很多人做出很多的承诺，却不曾实现过其中任何一项承诺，你会心生愧疚。

而这只是恶性循环的开端。因为你无法回应员工，你会觉得愧疚，所以，你会接受更多的猴子；你无法喂养这么多的猴子，导致你更没有时间对提出的问题进行反馈。这使你的下属觉得更加挫败，你又觉得更加愧疚。该如何打破这个循环？请记住，帮你的下属做事，不是你的职责所在。与他们共事而非帮他们做事。

让我们总结一下。

你已经知道，如果想让所有猴子都存活下去，你应该坚持不要产生太多的猴子，以免它们因没人照顾而饿死。

如果你的猴群数量过于庞大，有些猴子可能会跳上你的背。不是所有的猴子都值得喂养，有些应该被"杀掉"。

所以第一步，你要先决定这只猴子是否值得大家花时间喂养它。这是一个可行的项目或方案吗？这是一定要完成的事项吗？你应该亲力亲为，还是你的下属该完成这件事情，或者这根本是别家公司的员工该做的事情？每当你遇到猴子，这些都是你应该扪心自问的问题。

一旦你决定喂养这只猴子，你就必须穷追不舍地问下去。这只猴子是值得喂养的，还是应该被"杀掉"的？请记住，那些你选择留下来喂养的猴子，都会有一套繁衍之道。

千万不要自不量力，抓了很多你无法处理的猴子在手上。如果你抓了太多猴子，你就无法把每一只猴子喂养好。这将会带来负面的效果，让许多饥饿、缺乏人照料的猴子满地乱爬。你面对的将不是众多成功的机遇，而是更多失败的可能。为何如此？因为你总是没有足够的时间与精力来完成你的项目。对于组织而言，这种负面的效果将造成全面的瘫痪。

与其什么事情都自己做，让周遭充满了尖叫、饥饿的猴子，还不如运用安肯管理原则，好好地将工作指派给下属。在你指派工作前，应该先了解训练、指派任务的双重秘诀。当你学会了如何指派工作，便可以控制好猴子，让所有的猴子保持健康。但有些管理者对于分派给下属太多照顾猴子的责任感到忐忑不安。事实上，在建立对员工的信赖时，最大的障碍是来自你恐惧员工可以独当一面。这也是当你把猴子交给下属时，你应该给予其自由权限的原因。

安肯自由量表已经成为一项风险管理工具，尽管禁止下属采用第1级与第2级的自由层级，可以确保猴子会好好留在下属的背上，却无法授予下属更多行动自由，让他们自动自发地找事情做。不过这一切也随着争议与环境的不同有所改变，你可以根据下属与议题，来维持短暂的约束行为（自由层级第3级）。

此处最重要的便是有效训练,因为训练是培养人才的根本。你不能只是一而再地将猴子丢给下属,你必须先确定下属有能力管得住猴子。而这就是安肯自由量表的秘诀:尽可能在下属的处理范围内,给予对等的责任与行动自由,让他们独立工作,但在他们需要你协助喂养时,务必要在他们身边。

有些下属一开始就比其他人更会照顾猴子。但当你和下属工作时,你可以帮助他们培养发掘问题与机会的能力,提出建议方案与运用有效的步骤继续完成工作。

运用安肯管理原则,将会让下属有更多成长和担负责任的机会,而且你应该先以安全、有效的方式帮他们铺路,也要给予自己必要的时间去做自己应该做的事情。

所以,让猴子跟着你的下属,千万不要不明不白地突然去接受猴子。猴子或许很狡猾,它们会在你意想不到的时候找到门路跳到你的背上。

后　记　从实干家变为真正的管理者

如果你将猴子交付给了某人，务必要安排好追踪的会议时间表。这可以让你将不期而至的干预降至最低，掌控每天的行程。这也是管理猴子和确定猴子有人照顾的唯一方法。

本书所提出的任何论点，其主旨皆在于指导你在处理下属关系时如何掌控好时机与内容。现在，你已经学会利用安肯管理原则掌握猴群的数量，你也可以侦测到远处那些想跳到你背上的猴子，最重要的是，如果猴子不是你的，一定要把它从你的背上抓下来。

MONKEY BUSINESS
致　谢

对于不断鼓励我、协助我，让本书得以付梓的人，我在此表示深深的感谢。

我要将最深的谢意献给我的家人：我的母亲、哥哥约翰与姐姐英格。没有他们的鼓励与支持，这本书可能永远也写不出来。

我也要感谢我的下属温尼·丹利（Winnie Danley）与乔·贝克斯（Jo Bex），他们耐心地帮我搜集手稿阶段的材料，并重新编写后来的手稿，让这本书得以成形。

感谢大卫·特里普和我的同事共同花了大量时间，

设计出一个很有意思与吸引人的封面。

感谢先进设计中心的老板杰米·森卓（Jaime Cendra）让我们使用他的设备。感谢道格·利文斯顿（Doug Livingston）在封面印刷时给予我们如此具有创意的协助。

感谢我的编辑肯·谢尔顿（Ken Shelton）在这么长的时间中付出的耐心，并提供给我专业编辑的高水准帮助。

特别感谢我的客户和朋友，他们花了许多时间检查初稿，并提出了许多建议（其中的不少建议已被采用），他们很慷慨地对这本书给予支持。

最后，我要感谢我的父亲——小威廉·安肯。他本科毕业于普林斯顿大学，在哥伦比亚大学获得硕士学位。在他的职业生涯中，先后做过物理教师、地理物理学者、海军官员、政府官员、企业老板、管理顾问与训练师。

致 谢

在第二次世界大战中，他服役于美国海军，获中尉军衔，二战结束后，他以平民身份在美国海军部和陆军部参谋长办公室工作。他也相当荣幸地成为美国海军研究生院、美国陆军指挥与参谋部学院的荣誉院士。1955年他从公务机构转至民营企业任职，这促成了他1960年在纽约成立企业管理顾问公司，这段时间他称自己独创的领导与企业管理理论为"处理时间管理"，本书中有许多题材援引自这一理论。

1970年，他将办公室和住所迁往得克萨斯州达拉斯。他是一个天才型、活力充沛、谈吐幽默的演讲者。多年来一直担任总裁联谊会管理课程的讲师，也是美国大学年轻总裁组织中颇受欢迎的教职员。他独特与充满想象力的表达方式总是能够激发听众，带给人们难以忘怀的真知灼见，也能对人们面对的基本管理问题提出实际的解答。

父亲最为人津津乐道的成就是，他首创了"处理时间管理"研讨会。多年来，他的猴子比喻已经成为管理界的传奇经典，赢得了管理阶层的广泛好评。

他曾经发表过的文章散见于许多刊物,包括在《哈佛商业评论》中发表的《时间管理:猴子落在谁背上》(*Management Time: Who's Got the Monkey?*)。这篇文章是"处理时间管理"研讨会的摘要报告,也是《哈佛商业评论》常被读者要求重新刊载的一篇文章。

时至今日,许多企业界的管理者与领导者都将他们获得的成功归因于从"处理时间管理"的理论中获得的启示。我父亲的朋友哈尔·伯罗斯(Hal Burrows)与布兰杰也在他去世时特表致意,并引起广大的反响:

就像莫扎特一般,小威廉·安肯是一位十分罕见而杰出,兼具大师级"作曲"与"演奏"能力的人。不同之处在于,小威廉·安肯运用的是语言而非音符,来传播他的作品。他的理论"处理时间管理"超越了时代而成为常读常新的洞见,他把握住了管理精髓,创造了企业恒久流传的管理艺术。任何曾经听过他现场演讲的人,都会毕生难忘这种宝贵的经验。

未来，属于终身学习者

我这辈子遇到的聪明人（来自各行各业的聪明人）没有不每天阅读的——没有，一个都没有。巴菲特读书之多，我读书之多，可能会让你感到吃惊。孩子们都笑话我。他们觉得我是一本长了两条腿的书。

——查理·芒格

互联网改变了信息连接的方式；指数型技术在迅速颠覆着现有的商业世界；人工智能已经开始抢占人类的工作岗位……

未来，到底需要什么样的人才？

改变命运唯一的策略是你要变成终身学习者。未来世界将不再需要单一的技能型人才，而是需要具备完善的知识结构、极强逻辑思考力和高感知力的复合型人才。优秀的人往往通过阅读建立足够强大的抽象思维能力，获得异于众人的思考和整合能力。未来，将属于终身学习者！而阅读必定和终身学习形影不离。

很多人读书，追求的是干货，寻求的是立刻行之有效的解决方案。其实这是一种留在舒适区的阅读方法。在这个充满不确定性的年代，答案不会简单地出现在书里，因为生活根本就没有标准确切的答案，你也不能期望过去的经验能解决未来的问题。

而真正的阅读，应该在书中与智者同行思考，借他们的视角看到世界的多元性，提出比答案更重要的好问题，在不确定的时代中领先起跑。

湛庐阅读App：与最聪明的人共同进化

有人常常把成本支出的焦点放在书价上，把读完一本书当作阅读的终结。其实不然。

时间是读者付出的最大阅读成本

怎么读是读者面临的最大阅读障碍

"读书破万卷"不仅仅在"万"，更重要的是在"破"！

现在，我们构建了全新的"湛庐阅读"App。它将成为你"破万卷"的新居所。在这里：

● 不用考虑读什么，你可以便捷找到纸书、电子书、有声书和各种声音产品；

● 你可以学会怎么读，你将发现集泛读、通读、精读于一体的阅读解决方案；

● 你会与作者、译者、专家、推荐人和阅读教练相遇，他们是优质思想的发源地；

● 你会与优秀的读者和终身学习者为伍，他们对阅读和学习有着持久的热情和源源不绝的内驱力。

下载湛庐阅读App，
坚持亲自阅读，
有声书、电子书、阅读服务，
一站获得。

本书阅读资料包
给你便捷、高效、全面的阅读体验

本书参考资料
湛庐独家策划

- ☑ **参考文献**
  为了环保、节约纸张,部分图书的参考文献以电子版方式提供

- ☑ **主题书单**
  编辑精心推荐的延伸阅读书单,助你开启主题式阅读

- ☑ **图片资料**
  提供部分图片的高清彩色原版大图,方便保存和分享

相关阅读服务
终身学习者必备

- ☑ **电子书**
  便捷、高效,方便检索,易于携带,随时更新

- ☑ **有声书**
  保护视力,随时随地,有温度、有情感地听本书

- ☑ **精读班**
  2~4周,最懂这本书的人带你读完、读懂、读透这本好书

- ☑ **课　程**
  课程权威专家给你开书单,带你快速浏览一个领域的知识概貌

- ☑ **讲　书**
  30分钟,大咖给你讲本书,让你挑书不费劲

湛庐编辑为你独家呈现
助你更好获得书里和书外的思想和智慧,请扫码查收!

(阅读资料包的内容因书而异,最终以湛庐阅读App页面为准)

Monkey Business by William Oncken, Ⅲ

Copyright © 2000 by The William Oncken Corporation（WOC）

Simplified Chinese Translation Copyright © 2022 by Cheers Publishing Company.

All rights reserved.

本书中文简体字版由 Executive Excellence LLC 授权在中华人民共和国境内独家出版发行。未经出版者书面许可，不得以任何方式抄袭、复制或节录本书中的任何部分。

版权所有，侵权必究。

图书在版编目（CIP）数据

别让猴子跳回背上 ／ （美）威廉·安肯三世（William Oncken, Ⅲ）著；陈美岑译． -- 杭州：浙江教育出版社，2022.9（2025.4重印）
书名原文：Monkey Business
ISBN 978-7-5722-4298-4

Ⅰ．①别… Ⅱ．①威… ②陈… Ⅲ．①企业管理 Ⅳ．①F272

中国版本图书馆CIP数据核字（2022）第159964号

浙江省版权局
著作权合同登记号
图字：11-2022-261号

上架指导：企业管理

版权所有，侵权必究
本书法律顾问　北京市盈科律师事务所　崔爽律师

别让猴子跳回背上
BIERANG HOUZI TIAOHUI BEISHANG

【美】威廉·安肯三世（William Oncken, Ⅲ）　著
陈美岑　译

责任编辑：姚　璐
美术编辑：韩　波
责任校对：王方家
责任印务：陈　沁
封面设计：ablackcover.com

出版发行　浙江教育出版社（杭州市环城北路177号）
印　　刷　天津中印联印务有限公司
开　　本　880mm×1230mm　1/32
印　　张　6.5　　　　　　　　　字　数：100千字
版　　次　2022年9月第1版　　　印　次：2025年4月第7次印刷
书　　号　ISBN 978-7-5722-4298-4　定　价：59.90元

如发现印装质量问题，影响阅读，请致电 010-56676359 联系调换。